以学生为本的小学教学设计

余新　尹春燕　主编

化学工业出版社

·北京·

图书在版编目（CIP）数据

以学生为本的小学教学设计 / 余新，尹春燕主编
. —北京：化学工业出版社，2023.9
　ISBN 978-7-122-43720-4

Ⅰ. ①以… Ⅱ. ①余… ②尹… Ⅲ. ①小学–教学设计 Ⅳ. ①G622

中国国家版本馆 CIP 数据核字（2023）第 116813 号

责任编辑：高　霞　杨骏翼　王　璇　　装帧设计：关　飞
责任校对：李　爽

出版发行：化学工业出版社
　　　　　（北京市东城区青年湖南街 13 号 邮政编码 100011）
印　　装：三河市延风印装有限公司
710mm×1000mm　1/16　印张 14　字数 239 千字
2023 年 11 月北京第 1 版第 1 次印刷

购书咨询：010-64518888　　　售后服务：010-64518899
网　　址：http://www.cip.com.cn
凡购买本书，如有缺损质量问题，本社销售中心负责调换。

定　　价：68.00 元　　　　　版权所有　违者必究

编写人员名单

主　编　余　新　尹春燕

编写人员（按姓氏笔画排序）

马　郡　尹春燕　申　艳　任莉媛

刘　京　刘　洋　杨　悦　余　新

张　新　周国贞　郝秀娟　袁晓喆

贾孟娇　崔圣恩　梁　霄　冀晴喃

序一

　　《以学生为本的小学教学设计》即将出版，我非常高兴接受北京教育学院余新教授邀请为该书写上几句学习分享。作为多年的老朋友，我有机会参加过余新教授组织的教师研修活动，在研修现场感受一线教师们的研究热情和对课堂教学的不断反思、修正和完善。该书正是余新教授带领北京教育学院团队与北京市丰台区西马金润小学干部教师教学实践研究的记录，也是院校合作开发的"以学生为本"教学改革优质培训项目及其配套研修资源。该项目以参与式教师培训方法和校本研修实践指导途径，为西马金润小学一线教师专业发展搭建了学习成长平台。西马金润小学是一所小规模、高品质学校，通过与余新教授团队求真务实的合作，持续三年推进"以学生为本的教学设计与课堂创新"的校本研修项目，取得了显著的效果，值得我们学习和分享。

　　《以学生为本的小学教学设计》主张"以学生为本"的教学理念，坚持"以学生为本"的教学原则和教学设计，努力将理论与实践相结合。一方面体现了理念的研究引领性，表达了对课程改革的前瞻性思考。本书第一章所阐述的"以学生为本"的教学原理，包括"以学生为本"的教改背景、教学特征、教学原则、教学设计等内容，鲜明地体现出当前义务教育课程改革思想和基本原则，为义务教育课程标准落地课堂实践提供了理论指导。另一方面突出了教学实践的探索，本书第二至十章聚焦小学课堂教学实践研究，汇聚了 14 个"以学生为本"的小学教学设计课例，这些案例来源于学校真实课堂，覆盖了小学道德与法治、数学、语文、英语、科学、音乐、体育、美术、心理健康等学科，内容丰富。案例经过专家指导和老师们课堂研磨，为开展"以学生为本"的教学设计与实施提供学习参考。案例易懂、易用、示范性强，为一线教师的课堂教学实践探索研究提供了宝贵的素材，值得学习和思考。

　　《以学生为本的小学教学设计》的教学实践中，"以学生为本"的教学目标是"在素养导向下的儿童全面发展"；"以学生为本"的教学内容是"基于知识内在联系和儿童认知规律而建立的学科内容整体结构"；"以学生为本"的教学方式是"促进儿童积极主动地自主学习"；"以学生为本"的教学评价是"倡导激励儿童学习、以评促学的评价"。

我认同"以学生为本"的教育理念。我在多年的教育生涯中逐步形成的儿童观、儿童教育价值观，想来想去就是遵循"以学生为本"专业理念，并概括为两句话：一是"儿童是活生生的人"；二是"儿童是发展中的人"。"儿童是活生生的人"，意味着儿童是具有丰富情感、有个性、有独立人格的完整生命体。因此，教师要尊重儿童、理解儿童、善待儿童，学会对每一个儿童给予期待与保护，让每一个儿童都能有尊严地生活在集体中。"儿童是发展中的人"，意味着儿童既是"有潜力"的人，同时又具备"不成熟"的特点。根据这一鲜明的特点，教师要充分相信儿童，开发儿童自身的潜能，儿童能自己做的事情，教师一定不要包办代替，要促进儿童的自我进步与成长，发展儿童的自信和创新能力。发展中的儿童尚未成熟，教师还要包容、悦纳儿童的错误，善于将儿童在学习中出现的错误转化为促进再思考、再进步、再发展的新能源，通过学科教育使儿童发展的可能性变成现实。

"以学生为本"的课堂，是"眼中有儿童，心里有爱"的课堂。教师要尊重、理解与善待每一个儿童，要站在儿童立场去设计教学，按照儿童的认知规律与心理需求来实施教育。儿童教育的核心就是爱和尊重，爱就是要真诚地走进儿童的内心世界，用童心去感悟童心，"有教无类"是大爱，"因材施教"是智慧。教师与儿童在学校活动的主要场所是课堂，孩子们天天在课堂里学习，他们期望遇见好老师，遇到好课堂……

好课堂触及儿童心灵。儿童的成长需要心灵的呵护，需要情感的慰藉，有情感滋润的课堂，儿童的成长是甜的；缺失了情感的课堂，儿童的成长是苦的。在儿童成长的过程中，除了知识的习得、能力的培养，更应该让儿童获得良好的学习感受。好课堂关注儿童心理活动，激发儿童兴趣和自信，使之在学习中能获得积极的情感体验，全身心地参与学习的全过程。好课堂有兴奋、有感动、有顿悟、有惊喜……

好课堂尊重每一位儿童。好课堂尊重儿童的人格，尊重儿童的认知规律、尊重儿童的成长规律。儿童是有情感、有个性、有差异、有独立人格的人。我们既要把小孩子当作大人们那样去尊重，又要把小孩子当作小孩子那样去理解、宽容和善待。尤其是让学习暂时有困难的孩子能看到前行的亮光和希望，有自省自悟的空间，有重新跃起的机会。教师不是知识的简单传递者，而是思维的激活者；教师不是技能的机械训练者，而是学科育人的引领者。好的课堂会尊重关注每一位儿童，让每一位儿童都有表达和进步的机会，让每一位儿童心灵舒展，快乐成长。

好课堂坚守规律。一是坚守儿童认知规律，二是坚守学科知识发展规律。学科是有联系的、有结构的、有系统的。繁杂的学科知识中一定会有一些核心的概念统领，抓住了核心与关键问题，即可纲举目张、举一反三、触类旁通。好课堂会根据知识间的内在联系与儿童智力发展的规律重新组建学科知识结构，将拥有共同本质特征、体现相同逻辑关系的学科知识，集合在一个鲜明的主题下，建立知识结构群，使碎片化的知识系统化、整体化、结构化、逻辑化。好课堂坚守规律，实现核心概念的统领与整合，凸显学科本质，沟通知识联系。建好"承重墙"，打通"隔断墙"，促进深度学习，使儿童在高质量的课堂学习中获得可持续的发展。

好课堂充满智慧。智慧的课堂关注儿童智力活动的质量，通过激励儿童学习的内驱力，挖掘儿童学习的潜力，将思维能力的培养落实在每一个学习活动中。学科教育的重要任务就是培育儿童在真实情境中综合运用知识解决问题的能力，促进儿童思维发展。好课堂引发儿童不断深入思考的学习过程，鼓励儿童不断地发现和提出问题，并能积极地分析和解决问题，并在"问题链"中产生深刻思考。课堂教学的智慧在于把知识激活、思维激活，通过课堂学习让儿童间接体验或直接参与新知识发生和创建的过程，感受知识的力量，尤其是感受学科独特的思维价值和逻辑魅力。智慧的课堂教会儿童学会学习，使之拥有举一反三、融会贯通的能力。智慧的课堂鼓励儿童创造，善于给儿童搭建平台、创设机会，为儿童未来的发展创造条件。

好课堂让儿童有念想。好课堂会让儿童流连忘返，会对后续学习拥有期待与渴望。我们时常看到这样的景象：下课的铃声响了，孩子们思未尽、情未了……这样的场景在老师们课堂中不知道出现过多少次，我们多么希望此情此景会出现在每一天、每一节课……好课堂是温暖的，当教师把儿童放在心上的时候，儿童也会给老师同样的回报，常常因"亲其师"而"信其道"。即便下课的铃声响起，孩子们依然会沉浸在课堂的学习乐趣中，仍然会心存期待。有期待就有继续前行的力量。

好课堂，儿童充满期待……

北京教育科学研究院　吴正宪

序二

作为校长，我对"以学生为本"的理念一点都不陌生。十多年前，我就和老师们探讨过"课堂上怎样发挥学生主动性"的话题，曾经拿着秒表进课堂，确保学生活动不能少于 15 分钟。也带着老师们多次走出去，学习先进的理念和方法，还把一些项目引进学校，边实践边思考。老师们头脑中已经认同了课堂就应该是"以学生为本"，也能精心做出一些优秀的教学设计。但是，常态课教学不可能都像研讨课一样下那么多功夫去研究，更多的时候是把理念放在了一边，平时该怎么讲还怎么讲。时间长了，有些理念也就纯粹成了理念，能说，但难落地。

2020 年，我参加了北京教育学院的校长研修班，接触到了余新教授带领的北京教育学院培训团队。那年培训班采取的是线上线下相结合的混合式研修，印象最深的是在两天的线下工作坊培训中，"活动工具"一词反复出现在培训课堂里，我们校长学员们在培训老师们的组织下自然进入到了活动设置的情境中，有了切身体验。记得某一瞬间，突然灵光一现：我们的小学课堂问题就出在缺少对"教学活动工具"的研发与应用上！

"教学活动工具"主要指的是老师们在课堂上组织学生主动学习的活动，也包括物料工具或学生学习所需的表格类工具，是"道、法、术、器"中的"器"，是目标达成的载体，是"以学生为本"的理念落到课堂"最后一公里"的"临门一脚"。以往的培训学习更多是务虚的观点的改善，也有方法的借鉴，但不是老师们常态课教学随时拿来就能用得上的。大家也想把新理念体现在每一节课中，但是缺少一些方便易操作的工具，也就很难再做下去了。如果带着大家研究、开发、运用一些活动工具，也就帮老师们解决了理念落地的问题，大家的常态课也就真的能实现"以学生为本"了。

带着兴奋和期待，我和余教授谈了初步想法。余教授非常支持，爽快地接受了我的邀请，带着北京教育学院培训团队进入学校，和我们一起制订了培训计划，开启了我们的校本研修之旅。

2021 年 5 月 6～8 日，40 多位中青年教师在学校踏踏实实接受了整整三天的集中培训，深深地感受到了活动工具的魅力。"大使出游""世界咖啡""滚雪球""停车场""问题接龙"等简单易行的活动工具，直接指向的就是老师们的主动探究、深度思维以及合作学习，活动的形式就保证了主动学习的发生。老师们在活动中变成了学生，共同探讨、相互补充，感受着思维挑战和合作学习的乐趣。大家一方面体验着活动工具的价值，另一方面也捕获了"以学生为本"教育理念下的真实情境。

后续，余新教授又针对"以学生为本"的课堂整体教学设计进行了培训，从目标的确立到教学事件的安排再到教学策略与过程的设计以及评估反馈环节的体现，让大家逐一体会理解，再带着大家尝试做出教学设计，创建一系列适合小学生课堂教学的活动工具。大家发现用了活动工具，课堂马上就不一样了，孩子们自然就动了起来。尝到了甜头，老师们开始自创活动工具。现在，一些经典活动也常常出现在老师们的常态课堂上。

当我把余新教授有意组织我们部分老师参与撰写此书的消息告知大家时，老师们兴奋的同时倍感压力。余新教授一直鼓励大家要相信自己，与每一位老师讨论教学设计，为每一位老师提炼反思主题和思路框架，聘请高水平的学科专家为每一位老师把脉学科内涵。在一次次研讨、修改、听评课的过程中，老师们发现自己的思路越来越清晰、对问题的理解越来越深刻，看到自己能写出那么有质量的反思，职业成就感倍增。

2022年初，"新课标"颁布。对照新课标，老师们发现，我们的教改理念和思路与新课标高度契合。"做中学""用中学""创中学"的育人方式，不仅体现在我们这个校本研修项目中，而且有效落实到了日常教学活动中。体育组的梁霄老师在办公室备课时突然冒出一句话："现在还真有点想念余教授了！"我想，这就是培训、教研最好的效果了吧！梁老师想念的不仅是余教授，更是余教授带着大家一起研究、探索的感觉，是余教授带着大家突破瓶颈、找到方向的喜悦。

非常欣喜地看到《以学生为本的小学教学设计》出版，非常感谢余新教授三年来的专业培训与跟踪指导！这次校本研修项目拨开了多年来课堂教学积存的迷雾，让我们对如何落地课改、教改、评改感到豁然开朗。

感谢特级教师吴正宪在百忙之中为本书作序，并亲自指导老师们修改课例！您的每一句话语都是对我们的鞭策与激励，增添了我们干部教师的教学反思动力与专业发展信心！

感谢吴欣歆教授、李宝荣教授、潘建芬教授、巩平教授、李春艳教授、王永红副教授、曹慧博士等北京教育学院专家们给予我校老师的耐心指导与帮助！

最后，我要为全身心参加该项目的全体干部教师点赞，感谢你们的辛勤付出与贡献！

北京市丰台区西马金润小学校长　赵秀云

目录

第一章

"以学生为本"的
教学原理

第一节
"以学生为本" 的教改背景

随着科技进步和社会生产力发展对人才要求的变化，以及教育科学及其他边缘学科的发展影响到教育观念的转变，教学改革永不停歇。班级教学在"教师为本""教材为本"和"学生为本"三种教学模式的博弈中不断发展，其中，"以学生为本"的教学改革理念越来越受到关注。

一、"以学生为本" 是课堂教学实践的首要准则

先讲一个故事。1938 年，陶行知先生在武汉大学演讲。他走上讲台，不慌不忙地从箱子里拿出一只大公鸡。台下的听众全愣住了，不知陶先生要干什么。陶先生从容不迫地又掏出一把米放在桌上，然后按住公鸡的头，强迫它吃米。但是大公鸡只叫不吃。怎样才能让公鸡吃米呢？他掰开公鸡的嘴，把米硬往鸡的嘴里塞。大公鸡拼命挣扎，还是不肯吃。陶先生轻轻地松开手，把鸡放在桌子上，后退了几步，大公鸡自己就开始吃起米来。这时陶先生开始演讲："我认为，教育就像喂鸡一样。先生强迫学生去学习，把知识硬灌给他，他是不情愿学的。即使学也是食而不化，过不了多久，他还是会把知识还给先生的。但是如果让他自由地学习，充分发挥他的主观能动性，那效果必定好得多！"

根据"喂鸡"故事的启示，可以把教师分为三种类型：第一种是强迫型教师；第二种是灌输型教师；第三种是引导型教师。前两种教师可能出发点是好的，认为管得越严越紧、讲得越多越细，教育教学效果就越好。殊不知灌输型教师即便讲清楚了，大多数学生可能是"知道"了，但是"知道"并不等于真正"理解""学会"和"转化"。引导型教师尊重学生，在教学中是站在学生的立场，根据启发性原则，想方设法调动学生学习的主动性和积极性，遵循学生身心发展特点和教育教学规律，运用崭新的教学理念和适合学生的教学模式，旨在使得学

生"愿学""乐学"和"会学"。

按理说，学习是人的本能。孩子是天生的学习者，生来就会通过观察、体验、模仿、探索等方式从环境中学习。孩子学会母语、学会走路，就是最直观的证明。孩子天生就有强大的学习机制，学习根深蒂固地存在于人的生物本能之中。人类为了生存、安全、发展等需要，将学习贯穿生命的始终。学校是为了提高人类学习水平而产生、存在和发展的。小学为启蒙阶段，学校最重要的任务是培养孩子的学习兴趣与习惯，为中学教育阶段乃至终身学习奠定自主性学习的能力基础。因此，小学应该是儿童学习与生活的乐园，教师和家长有责任在此期间呵护儿童的学习天性。

当今，小学生学业负担过重、学习效率不高、自主学习能力不强等问题普遍存在。特别是在乡村小学课堂上，总有部分学生缺少学习兴趣与积极动机，甚至厌学，不能养成良好的学习习惯，学业成绩和身心发展状况与教育教学目标要求存在差距。究其原因主要是课堂教学方式影响了学习效果。小学课堂如果以讲授式教学和接受性学习为主要方式，那么，教师和大多数学生都很累，而且教学效果不佳，呈现"高投入、低产出"现象。课堂教学不应是教师机械地执行教学计划、学生被动接受知识的活动。一旦教学忽视学生的主体地位，学生就感受不到学习的意义与价值，那么可以断定学校生活和课堂教学已经与儿童的生活经验脱离，并与学习本能发生冲突，也不符合社会发展需要。今天的小学生被称为"数字原生代"。在"知识爆炸"、信息量呈现指数级增长的时代，他们从小就在由智能手机、平板电脑、各类游戏机、虚拟社区搭建的信息社会中成长，偏好"可视化学习""情境体验""实践探索""合作参与""自主选择"等学习方式。教师不能要求小学生被动适应以教师为中心的"填鸭式"教育，而是需要转身提供适合小学生的教育，在帮助他们奠定"文化基础"的同时，重视培养他们"自主发展""社会参与"的核心素养，使得学生在不同阶段获得相应的必备品格和关键能力，以适应终身发展和社会发展的需要。令人欣慰的是一些教育者以行动者的角色深入教育实践，不"坐而论道"而"起而行道"，以理论与实践相结合，诠释"以学生为本"的教育真谛。这些理论研究与实践探索都从不同角度体现出"以学生为本"的教育理念，即尊重学生的主体性，较为充分地实践了"自主、合作和探究"的理念，使得我们曾经熟稔的"学生""学习""学习能力""学习方法""内驱力""学习规律"乃至"学校"等概念内涵焕发了新的光彩，为本书研究团队和项目校创建"以学生为本"课堂提供了重要启发与借鉴。（相关研究案例参见"链接1-1"）

链接 1-1：践行"以学生为本"的相关研究案例

• 林崇德教授领衔完成"中国学生发展核心素养"研究，以培养"全面发展的人"为核心，从文化基础、自主发展、社会参与三个方面，提出了学生应具备人文底蕴、科学精神、学会学习、健康生活、责任担当、实践创新六大核心素养，作为能够适应终身发展和社会发展需要的必备品格和关键能力。学生发展核心素养是一套经过系统设计的育人目标框架，其落实需要从整体上推动各教育环节的变革，最终形成以学生发展为核心的完整育人体系。学生发展核心素养明确了"21世纪应该培养学生什么样的品格与能力"，引领和指导教师在日常教学中改变当前存在的"学科本位"和"知识本位"现象，坚持"以学生为本"的理念，以更好地贯彻落实党的教育方针。

• 朱永新教授的"新教育实验"把学生放在了教育改革的中心位置，旨在"帮助师生过一种幸福完整的教育生活"，希望通过努力改变教师的行走方式、改变学生的生存状态、改变学校的发展模式、改变教育科研的范式，实现人的全面和谐成长。

• 叶澜教授的"新基础教育实验"提出了四个"还给"：把课堂还给学生，让课堂焕发生命的活力；把班级还给学生，让班级充满成长的气息；把创造还给教师，让教育充满智慧的挑战；把精神发展的主动权还给师生，让学校充满勃勃生机。

• 郭思乐教授通过课题研究带动"生本教育"实践，提倡由"师本教育"向"生本教育"的转变，即把以往教学中主要依靠教师的"教"，转变为主要依靠学生的"学"，把为教师的好教而设计的教育转向为学生的好学而设计的教育，实现学生积极、主动、活泼、健康地发展。

• 崔允漷教授从深度学习角度，提出用"学历案"替代"教案"，以提高学生学习效果。"学历案"是教师在班级教学的背景下，为了便于儿童自主建构或社会建构经验（知识），围绕某一相对独立的学习单位，对学生学习过程进行专业化预设的方案。通过在浙江、江苏等地实践，崔教授提出了一系列课堂教学关键策略，其中包括：明确深度学习的目标，让学生感受知识学习的意义与价值；选择或形成有挑战性的、与目标匹配的主题；创设问题情境，诱导学生的兴趣或思考；设计指向学科核心素养的、有意义的任务；确定班级中三分之二学生能跟得上的学习进阶；强调多感官参与，组织听、看、说、做、演等多样化的学习活动，提供合作、探究、展示与交流的机会；选择真实情境，强调学以致用，开展表现性评价；设计学后反思的路径，引导学生养成反思学习的习惯。

二、"以学生为本" 是小学教师专业发展的基本理念

2012 年教育部颁布《小学教师专业标准（试行）》，明确提出小学教师要具备 "师德为先" "学生为本" "能力为重" 和 "终身学习" 四大专业理念。其中"学生为本"的含义被界定为 "尊重小学生权益，以小学生为主体，充分调动和发挥小学生的主动性；遵循小学生身心发展特点和教育教学规律，提供适合的教育，促进小学生生动活泼学习、健康快乐成长"。该标准从不同领域对教师提出基于 "以学生为本" 理念的专业发展要求。

《小学教师专业标准（试行）》既是各级教育行政部门关于小学教师队伍建设工作的基本依据，也是教师教育机构开展教师培养培训工作的重要指南，更是小学教师自身专业发展的行动航标。其关于 "以学生为本" 理念的专业发展要求见 "链接 1-2"。

链接 1-2：《小学教师专业标准（试行）》关于 "以学生为本" 理念专业发展要求

• 在 "对小学生的态度与行为" 方面，要求教师 "关爱小学生，重视小学生身心健康，将保护小学生生命安全放在首位。尊重小学生独立人格，维护小学生合法权益，平等对待每一位小学生。不讽刺、挖苦、歧视小学生，不体罚或变相体罚小学生。信任小学生，尊重个体差异，主动了解和满足有益于小学生身心发展的不同需求。积极创造条件，让小学生拥有快乐的学校生活"。

• 在 "教育教学的态度与行为" 方面，要求教师 "树立育人为本、德育为先的理念，将小学生的知识学习、能力发展与品德养成相结合，重视小学生全面发展。尊重教育规律和小学生身心发展规律，为每一个小学生提供适合的教育。引导小学生体验学习乐趣，保护小学生的求知欲和好奇心，培养小学生的广泛兴趣、动手能力和探究精神。引导小学生学会学习，养成良好学习习惯"。

• 在"小学生发展知识"方面，要求教师"了解关于小学生生存、发展和保护的有关法律法规及政策规定。了解不同年龄及有特殊需要的小学生身心发展特点和规律，掌握保护和促进小学生身心健康发展的策略与方法。了解不同年龄小学生学习的特点，掌握小学生良好行为习惯养成的知识。了解幼小和小初衔接阶段小学生的心理特点，掌握帮助小学生顺利过渡的方法。了解对小学生进行青春期和性健康教育的知识和方法。了解小学生安全防护的知识，掌握针对小学生可能出现的各种侵犯与伤害行为的预防与应对方法"。

• 在"教育教学知识"方面，要求教师"掌握小学教育教学基本理论。掌握小学生品行养成的特点和规律。掌握不同年龄小学生的认知规律和教育心理学的基本原理和方法。掌握所教学科的课程标准和教学知识"。

• 在"教育教学设计"方面，要求教师"合理制定小学生个体与集体的教育教学计划。合理利用教学资源，科学编写教学方案。合理设计主题鲜明、丰富多彩的班队活动"。

• 在"组织与实施"方面，要求教师"建立良好的师生关系，帮助小学生建立良好的同伴关系。创设适宜的教学情境，根据小学生的反应及时调整教学活动。调动小学生学习积极性，结合小学生已有的知识和经验激发学习兴趣。发挥小学生主体性，灵活运用启发式、探究式、讨论式、参与式等教学方式。将现代教育技术手段渗透运用到教学中。较好地使用口头语言、肢体语言与书面语言，使用普通话教学，规范书写钢笔字、粉笔字、毛笔字。妥善应对突发事件。鉴别小学生行为和思想动向，用科学的方法防止和有效矫正不良行为"。

• 在"激励与评价"方面，要求教师"对小学生日常表现进行观察与判断，发现和赏识每一位小学生的点滴进步。灵活使用多元评价方式，给予小学生恰当的评价和指导。引导小学生进行积极的自我评价。利用评价结果不断改进教育教学工作"。

• 在"沟通与合作"方面，要求教师"使用符合小学生特点的语言进行教育教学工作。善于倾听，和蔼可亲，与小学生进行有效沟通。与同事合作交流，分享经验和资源，共同发展。与家长进行有效沟通合作，共同促进小学生发展。协助小学与社区建立合作互助的良好关系"。

"终于在下课铃响时讲完了 PPT"，这点不能成为老师们下课依据和完成课堂教学任务的标准。"教"不等于"学"。"能按时讲完一节课"与"能教会学生学得好"，是教师所完成的两个不同水平的任务。就前一个任务来说，教师照本宣科，即使能完成"教"的任务，学生也不一定能实现"学"的目标和达到预期学习效果。学生是否愿意学，愿学的学生能否学得会、学得好，创造性思维能否得到发展，这些关键问题课堂上解决得如何？如果教师不从"学"的角度考虑"教"，那么学生就会不爱学，也学不会。

　　后一个任务"能教会学生学得好"相对难得多。教师"教了"不等于学生"学了"，并不是坐在教室里的所有学生都在"学"，由于注意力不集中或缺少学习兴趣，有的学生可能是心猿意马，有的学生可能是昏昏欲睡，他们的学习几乎没有发生；学生"学了"也不等于"学会了"，由于学习基础或学习方法存在问题，不是所有学生都一学就会，有的学生遇到的困难可能是内容难度超过了自己学习能力，有的学生课上理解了但课后很快就会遗忘或不会应用；学生课堂上即使临时"学会了"也不等于都"学好了"，有的学生发展潜能绝不仅仅局限于课堂规定的内容与方式，可能更多地需要在生活体验和社会实践中拓展学习视野和思维发展空间。

　　教师要想让学生学得好，就需要站在学生的立场理解"学"与"教"的规律。学生在学习上会存在五大障碍。一是知识性障碍。知识好比食物，吃少了，会营养不良；吃多了，会消化不了或营养过剩。学生会因为不了解、不理解知识概念和原理公式而无法学会。一般认为，学习者在大多数情况下会需要更多知识信息，并且如果学习者掌握了这些信息，他们就能够自如地运用它们。其实不然，知识信息是学习者能够有效执行行为和能力形成的必要条件，但是拥有信息本身并不能完成任何事情，只有当学习者使用这些信息做某件事情时，知识信息内化到自己认知框架中，才能使得知识信息具有意义。教师在课堂教学过程中有意识地加强知识学习与学生经验、现实生活、实践应用之间的关联，知识信息才为学生产生"意义"与"价值"。因此，学生在课堂上需要得到的帮助绝不局限在被"告知"知识信息，更加重要的是能获得知识应用、情境体验、认知建构的学科实践机会。二是技能性障碍。学习知识技能好比食物消化和吸收过程，缺少消化和吸收，食物就很难转化为营养。学生可能因为缺少及时的练习反馈和正确的实践指导而无法学会。学生要达到"应用"水平的学习目标，需要教师在作业设计、练习指导、反馈评价等方面给予帮助。但是，作业练习不能过重，防止超过学生的认知负荷和身心承受能力；反馈评价要及时有效，发挥促进学生学习的积极功能，避免同育人目标相悖。三是情绪性障碍。情绪好比卫兵，知识和技能走进大脑首先需要过了这一关，学习才能更加顺利。学生会因为不愿学、不想学而无法学会。小学生在课堂上可能存在着消极的学业情绪，其中包括烦躁、担忧、讨厌、羞愧、厌倦、失望、苦恼、无助，这些情绪极大地阻碍着学生有效学习。教师需要关注到这个问题，在课堂上帮助学生调整和获得平静、放松、自豪、高兴、希望等积极学业情绪。教师帮助学生让自己的情绪成为知识技能的友好卫兵，学习就容易顺畅发生。四是习惯性障碍。习惯好比学习与发展的一个生态体系，体现出知识、技能和情绪等要素与学习主体（学生）构成一个相互影响、相互作用并具有自调节功能的动态平衡系统。习惯培养不容易，而一旦养成便有很强的惯性，改变更加不容易。不良习惯会阻碍积极的学习行为。教师在课堂上需要有意识地培养学生学习自觉性，强化正确的行为习惯，引导学生反思不良习惯的触发因素，帮助学生在实践中塑造意志力。五是条件性障碍。学生可能由于缺少外在物质条件、积极的学习型组织氛围或者个人学习能力基础薄弱等原因，从而导致无法学会。尽可能地为学生创造有利的学习条件，成为教师和家长的重要职责。

如果学生遇到上述一个或几个学习障碍，那么，有效学习就不会发生。这就需要教师坚守"以学生为本"的教育理念，在课堂内外有意识地帮助学生克服上述五大学习障碍，做到系统兼顾，而不是顾此失彼。

三、"以学生为本" 是义务教育课程改革的重要指导思想

21世纪初，我国启动了新一轮基础教育课程改革，先后于2001年、2011年和2022年三次制定颁布义务教育课程方案和课程标准。20多年来，"以学生为本"理念始终成为课程改革的重要指导思想。

2001年，教育部颁发了《基础教育课程改革纲要（试行）》，启动了新一轮基础教育课程改革。这份纲要在教学过程上强调"教师在教学过程中应与学生积极互动、共同发展，要处理好传授知识与培养能力的关系，注重培养学生的独立性和自主性，引导学生质疑、调查、探究，在实践中学习，促进学生在教师指导下主动地、富有个性地学习。教师应尊重学生的人格，关注个体差异，满足不同学生的学习需要，创设能引导学生主动参与的教育环境，激发学生的学习积极性，培养学生掌握和运用知识的态度和能力，使每个学生都能得到充分的发展"。

不难看出，《基础教育课程改革纲要（试行）》多处突出以学生为本的要素，

包括"形成积极主动的学习态度""适应学生发展需求""关注学习兴趣和经验""课程对学生的适应性""培养学生能力""使得每个学生充分发展""尊重学生的人格"等（参见"链接1-3"）。

链接1-3：2001年《基础教育课程改革纲要（试行）》关于基础教育课程改革的具体目标

• 改变课程过于注重知识传授的倾向，强调形成积极主动的学习态度，使获得基础知识与基本技能的过程同时成为学会学习和形成正确价值观的过程。

• 改变课程结构过于强调学科本位、科目过多和缺乏整合的现状，整体设置九年一贯的课程门类和课时比例，设置综合课程，以适应不同地区和学生发展的需求，体现课程结构的均衡性、综合性和选择性。

• 改变课程内容"繁、难、偏、旧"和过于注重书本知识的现状，加强课程内容与学生生活以及现代社会科技发展的联系，关注学生的学习兴趣和经验，精选终身学习必备的基础知识和技能。

• 改变课程实施过于强调接受学习、死记硬背、机械训练的现状，倡导学生主动参与、乐于探究、勤于动手，培养学生搜集和处理信息的能力、获取新知识的能力、分析和解决问题的能力以及交流与合作的能力。

• 改变课程评价过分强调甄别与选拔的功能，发挥评价促进学生发展、教师提高和改进教学实践的功能。

• 改变课程管理过于集中的状况，实行国家、地方、学校三级课程管理，增强课程对地方、学校及学生的适应性。

新课改取得了显著成绩，最重要的成效之一是新的教育理念已经深入人心，70％的教师认同新课改"合作、自主、探究"的理念；启发式教学的比例明显提升，学生的主体作用受到重视和体现。在课程与教学观念上，已经产生大的冲击和突破，像"以人为本""重视学生整体素质发展""注重学生身心健全发展""以学生为主体""启发式学习""引导学生学会学习""注重基本能力培养"。然而，这些"以学生为本"的课改理念要真正落实到课堂教学和实际学习活动中并非轻而易举。2012年，有专家用"举步维艰"描述世纪之初的十年课改实施状况。《2011年教师评价新课改的网络调查报告》显示，教师对新课改实效的评价并没有那么高，只有约1/4的教师表示满意，表示"很满意"的仅为3.3％。

2011年教育部颁布了义务教育19个学科修订课标。这些学科标准一方面是对2001年课程标准（实验稿）的补充完善，另一方面也是对2001年《基础教育课程改革纲要（试行）》实施效果的反思和改进。特别突出"以学生为本"的课程与教学理念如何具体落实。

例如，《义务教育语文课程标准（2011年版）》修订内容需要教师关注的内容包括：一是以人为本、全面实施素质教育，在教学中渗透社会主义核心价值观，培养学生社会责任感、创新精神和实践能力；二是倡导自主、合作、探究的学习方式，培养学生学会学习、学会合作、学会创新；三是重视语文课程人文性与工具性的统一，注重积累、感悟、实践和综合性学习，注重语文的熏陶感染作用；四是遵循语文教育规律，体现学科目标和内容的循序渐进；五是合理地设计课程目标和内容，减轻学生过重的负担。

再如，《义务教育数学课程标准（2011年版）》数学学科教育目标突出对学生创新意识的培养，将"知识与技能"的"双基"培养扩展了"基本思想把握和基本活动经验积累"两个要素，形成"四基"目标。教师在注重直接经验、自主探究的同时，也关注间接经验、教师讲授的作用，同时关注直观与抽象的统整，演绎与归纳的结合。"四基"的核心在基本思想，基础在基本活动经验，都根植于"数学活动"的开展，判断数学活动质量的标准是看学生主体在活动中思维的参与程度。

又如，《义务教育英语课程标准（2011年版）》从国家发展和学生发展两个方面明确了英语课程的价值，不论是之前的英语教学大纲，还是2001年英语课程标准（实验稿），虽然都不同程度地关注了学习外语对国家发展的意义，但都未充分关注对学生发展的价值。这次要求教师的教学目标设计能从学生出发，具有清晰具体、可操作和可检测的特点，体现了从多维度关注知识、能力、策略、思维和情感的发展，将语言知识学习置于语境之中，引导学生理解和体会语法的形式、意义和语用功能。同时，关注学习内容与学生实际生活的联系。

2022年，为适应社会发展新形势，满足教育发展新要求，解决课程实施新问题，教育部制定《义务教育课程方案（2022年版）》和语文等16个学科课程标准。与2001年颁发的《基础教育课程改革纲要（试行）》相比较，新的义务教育课程方案增加了"基本原则"这一重要板块，提出义务教育课程应该遵循的五条基本原则❶，从方向、对象、内容、机制和方式五个方面形成了课改的育人图谱。本次

---

❶ 五条基本原则是坚持全面发展，育人为本；面向全体学生，因材施教；聚焦核心素养，面向未来；加强课程综合，注重关联；变革育人方式，突出实践。［中华人民共和国教育部. 义务教育课程方案（2022年版）. 北京：北京师范大学出版社，2022.］

义务教育课程标准修订以立德树人根本任务为指引,以核心素养(人的全面发展)为导向,旗帜鲜明地把课程从学科立场转向教育立场,以人的发展特别是核心素养的形成为宗旨重建课程标准的方方面面。

在新制定的各学科课程标准中,"以学生为本"的课程理念在课程目标、课程内容设计、教学方式、课程评价等方面都有明确要求,现摘录如下,见表1-1。

表1-1 "以学生为本"的课程理念在各学科课程标准中的要求

学科	课程目标	课程内容设计	教学方式	课程评价
语文	围绕学生核心素养,整体发展文化自信、语言运用、思维能力和审美创造	遵循学生身心发展规律,构建学习任务群	从学生语文生活实际出发,增强情境性和实践性	从有利于学生学习出发,倡导评价的过程性、整体性、导向性
数学	立足学生核心素养发展,帮助学生达到"三会""四基""四能"	根据学生年龄特征和认知规律,设计结构化的内容	选择能引起学生思考的多种教学方式,推进单元整体教学设计,强化真实情境设计与合理问题提出	以评促学、以评促教。关注学生参与的多元评价主体和多样评价方式。评价结果及时反馈学生和鼓励学生自我监测
英语	培养学生四个核心素养:语言能力、文化意识、思维品质和学习能力	充分考虑学生学习经验差异,构建分级体系的课程结构。根据学生年龄特征,整体设计教材,保护学生好奇心和学习兴趣	提高英语教学的真实性,设计有利于学生接触、体验、感知、学习和运用语言的主题教学活动,激发学生的学习兴趣与动机	注重"教—学—评"一体化设计。以评促学、以评促教。发挥学生的主观能动性,引导学生成为评价活动的设计者、参与者和合作者。形成性评价与终结性评价结合
道德与法治	培养学生五个核心素养:政治认同、道德修养、法治观念、健全人格和责任意识	遵循育人规律和学生成长规律,强化课程一体化的整体设计,以社会发展和学生真实生活为基础,突出问题导向,增强内容的针对性和现实性	突出学生主体地位,充分考虑学生的生活经验。引导学生开展自主、合作的实践探究和体验活动。引导学生走出教室、走出校园,积极参与社会实践活动	综合运用多种评价方式,促进知行合一。发挥评价的引导作用,改进结果评价,强化过程评价,探索增值评价

学科	课程目标	课程内容设计	教学方式	课程评价
科学	培养学生四个核心素养：科学观念、科学思维、探究实践和态度责任	适合学生年龄特征、突出重点、明确要求，确保学生有充足的时间探究、实践与思考，在学习学科核心概念的基础上，理解跨学科概念，并应用于真实情境。基于学生认知水平和知识经验，形成有序递进的课程结构	倡导设计学生喜闻乐见的科学活动，激发学习内在动机；突出学生主体地位，创设良好的学习情境，设计适宜的探究问题，引发学生认知冲突，激发积极思维。让学生经历科学探究以及技术与工程实践的过程；重视师生互动和生生互动，引导学生对所学知识和方法进行总结、反思、应用和迁移，促进学生自主学习和合作学习	改进结果评价，强化过程评价，重视"教—学—评"一体化，关注学生在探究和实践过程中的真实表现与思维活动；探索增值评价，发挥评价的诊断功能、激励作用和促进作用，关注个体差异，改进学习过程。强调主体多元、方法多样、内容全面，充分发挥学校、教师、学生等多主体参与评价的积极性
艺术	培养学生四个核心素养：审美感知、艺术表现、创意实践和文化理解	突出课程综合，加强学科之间融合；适应学生特点，分阶段设计课程；以任务驱动方式遴选和组织内容	要通过各种艺术实践活动，激发想象、调动情感、创造形象，为学生提供丰富的艺术表现方式和认识世界的途径，尊重学生独特的感知体验和多样化的艺术表达。要坚持以学生发展为本的教育理念，坚信每一位学生都具有学好艺术的潜能。要面向全体学生，激发每一位学生的艺术潜能，调动学生学习的积极性，发展学生的艺术素养，培养学生的艺术特长	要充分发挥评价的诊断、激励和改善功能，促进学生发展。坚持素养导向、以评促学，引导学生发现自己的艺术才能，重视表现性评价和多主体评价，增强学生学习艺术的信心和动力等

学科	课程目标	课程内容设计	教学方式	课程评价
体育与健康	培养学生三个核心素养：运动能力、健康行为和体育品德	根据学生运动技能形成规律和身心发展规律，整体设计课程内容，体现保证基础、重视多样、关注融合、强调运用等理念	依据学生学习需求和兴趣爱好，面向全体学生，落实"教会、勤练、常赛"，注重"学、练、赛"一体化教学，强调从"以知识与技能为本"向"以学生发展为本"转变	构建评价内容多维、评价方法多样、评价主体多元的评价体系。在充分发挥体育教师的学习评价作用的同时充分发挥学生自我评价、相互评价的主体作用，引导学生主动积极创造性发展
信息科技	培养学生四个核心素养：信息意识、计算思维、数字化学习与创新、信息社会责任	按照义务教育阶段学生的认知发展规律，以数据、算法、网络、信息处理、信息安全、人工智能为课程逻辑主线，统筹安排各学段学习内容，构建逻辑关联的课程结构。注重帮助学生学习和提升知识迁移能力与学科思维水平，遴选科学原理和实践应用并重的课程内容	以真实问题或项目驱动，引导学生经历原理运用过程、计算思维过程和数字化工具应用过程，建构知识，提升问题解决能力。注重创设真实情境，引入多元化数字资源，提高学生的学习参与度。支持学生在数字化学习环境下进行自我规划、自我管理和自我评价，鼓励"做中学""用中学""创中学"，凸显学生的主体性	强化素养导向的多元评价。坚持过程性评价与终结性评价相结合，加强学习结果的评估和应用。坚持基本知识考核与实践应用考核相结合，综合运用纸笔测试、上机实践、作品创作等方法，全面考查学生学习状况。坚持自评和他评相结合，增强学生自主学习能力
劳动	培养学生四个核心素养：劳动观念、劳动能力、劳动习惯和品质、劳动精神	根据学生经验基础和发展需要，以劳动项目为载体，以劳动任务群为基本单元，以学生经历体验劳动过程为基本要求，构建覆盖三类劳动、学段进阶安排、有所侧重的课程结构	加强与学生生活和社会实际的联系，倡导丰富多样的实践方式，倡导"做中学""学中做"，激发学生参与劳动的主动性、积极性和创造性	既要关注劳动知识技能，更要关注劳动观念、劳动习惯和品质、劳动精神；既要关注劳动成果，更要关注劳动过程表现。平时表现评价与学段综合评价结合，定性评价与定量评价结合

2022年修订后的义务教育课程学科标准强化了课程育人功能，全面系统地突出了"以学生为本"的课程理念，体现在以下四个方面：一是在课程目标上，强调面向全体学生，立足核心素养全面发展，育人为本，面向未来；二是在课程内容设计上，要求根据学生特征和认知规律，选择基础性、整体性、实践性的教学内容，开展结构化、情境化、一体化的教学设计，加强综合，注重关联；三是在教学方式上，突出适合学生需要，倡导多样化的学习方式、真实性的学习情境、主体性的过程参与、创造性的实践活动，因材施教，突出实践中"做中学""用中学""创中学"；四是在课程评价上，关注构建素养导向的综合评价体系，重视"教—学—评"一体化，改进结果评价，强化过程评价，探索增值性评价，重视学生作为评价主体的作用，加强学习结果的评估和应用。（参见"链接1-4"）

链接1-4：《义务教育课程方案（2022年版）》关于深化教学改革的四点要求

• 坚持素养导向。围绕"为什么教"和"为谁教"，深刻理解课程育人价值，落实育人为本理念。准确把握课程要培养的学生核心素养，明确教学内容和教学活动的素养要求，培养学生正确价值观、必备品格和关键能力，设定教学目标，改革教学过程和教学方法，把立德树人根本任务落实到具体教育教学活动中。

• 强化学科实践。注重"做中学"，引导学生参与学科探究活动，经历发现问题、解决问题、建构知识、运用知识的过程，体会学科思想方法。加强知识学习与学生经验、现实生活、社会实践之间的联系，注重真实情境的创设，增强学生认识真实世界、解决真实问题的能力。

• 推进综合学习。整体理解与把握学习目标，注重知识学习与价值教育有机融合，发挥每一个教学活动多方面的育人价值。探索大单元教学，积极开展主题化、项目式学习等综合性教学活动，促进学生举一反三、融会贯通，加强知识间的内在关联，促进知识结构化。

• 落实因材施教。创设以学习者为中心的学习环境，凸显学生的学习主体地位，开展差异化教学，加强个别化指导，满足学生多样化学习需求。引导学生明确目标、自主规划与自我监控，提高自主、合作和探究学习能力，形成良好的思维习惯。发挥新技术优势，探索线上线下深度融合，服务个性化学习。

四、"以学生为本" 是教育教学遵循儿童身心发展规律的根本体现

在我国古代，孔子的"不愤不启、不悱不发""因材施教"，对后世的"以学生为本"教学思想的发展产生了深远的影响。明代思想家李贽十分推崇"童心"，黄宗羲、王夫之、颜元等人的教育思想都体现出了对儿童的重视。到了五四运动时期，教育先驱们积极倡导平等师生关系，后来，陶行知呼吁把学习的基本自由还给儿童，提出了著名的"解放儿童"教育观[1]。

在西方教育思想中，从古代苏格拉底的"精神产婆"术，到近代卢梭的自然主义和蒙特梭利的自由教育思想，再到现代杜威的"儿童中心"理论、罗杰斯的人本主义心理学和皮亚杰的建构主义学习观，乃至后现代主义教育思想，虽然"以人为本"教育被赋予不同的时代内涵，但是，教育思想家们都把"学生"置于教育优先关照的本体，积极提倡尊重学生、相信学生、关怀学生、依靠学生、放飞学生。

现代心理学的长足发展对教育教学理论产生了深刻的影响，为"以学生为本"的教学提供了科学依据。20 世纪 90 年代美国心理学会提出"以学习者为中心" 14 条心理学原理，从认知与元认知因素、动机与情感因素、发展与社会交往因素以及个体差异因素四个方面阐述了以学习者为中心的思想，其核心观点是"成功的学习者是积极主动的、有明确目标指引的、善于自我调节的以及对学习承担起自身责任的人"。(见"链接 1-5")

"以学生为本"的教学前提是对学生对象和学习本质的充分认知。只有了解学生，教师才能确保教学真正顺应学生的天性、符合学生的认知水平，才能知道学生的哪些需求是应该兼顾的，哪些差异是应该尊重的，哪些能力是有待挖掘的。只有认识学习本质，教师才能破解"学生为什么而学""学生究竟需要学习什么""学生如何才能学得好"等问题，从而设计和实施有利于学生有效学习与发展的教育教学活动。

---

❶ 六大解放：一、解放儿童的头脑，使之能想；二、解放儿童的双手，使之能干；三、解放儿童的眼睛，使之能看；四、解放儿童的嘴，使之能说；五、解放儿童的空间，使之能接触大自然和大社会；六、解放儿童的时间，不逼迫他们赶考，使之能学习自己渴望的东西。(陶行知．陶行知文集．南京：江苏教育出版社，2008：163．)

链接 1-5 "以学习者为中心"的心理学原理❶

1. 学习过程的性质。掌握复杂的学科内容是从信息和经验中建构意义的内在过程。成功的学习者是积极主动的、有明确目标指引的、善于自我调节的以及对学习承担起自身责任的人。

2. 学习过程的目标。成功的学习者能创造有意义的、系统的知识表征，生成并保持学习内容与自己目标一致。教育工作者可以帮助学习者树立有意义的目标，使得个人目标和教育的热忱、兴趣能够取得一致。

3. 知识的建构。成功的学习者能够将新信息与已有的知识以有意义的方式联系起来。教育工作者可以通过多种策略来帮助学习者获得与整合知识。

4. 策略思维。成功的学习者能够创设及运用一系列思维与推理策略以完成复杂的学习任务。如果教育工作者在开发、应用和评估策略技能上给予学习者帮助，对他们取得更好的学习成效是大有益处的。

5. 反省思维。成功的学习者能够对自己如何思考和学习加以反思，建立合理的学习目标和工作目标，选择适宜的学习策略或方法，监控自身在导向目标过程中的进步状况。教育工作者旨在帮助学习者获得这种高层次策略，以有利于发展创造性思维及批判性思维。

6. 学习的情境。学习受到文化、技术和教学实践等环境因素的影响。教育技术和教学实践必须与学习者原有的知识水平、认知能力和学习策略及思维策略相适合。

7. 动机与情绪对学习的影响。学什么和如何学在很大程度上受到学习者动机的影响。反过来，学习动机也受到个体的情绪状态、信念、兴趣、目标以及思维方式的影响。

8. 学习的内部动机。学习者的创造力、高层次思维和天然的好奇心都对学习动机有重要影响作用。激发学习的内部动机有赖于任务的新颖性和难度水平，有赖于同个人的兴趣相关性以及是否能够提供自主选择与控制的机会。

---

❶ 王建法，谢百治. 以学习者为中心的心理学原理对教学设计的启示. 中国医学教育技术，2007，(04)：273-276.

9. 动机对努力的作用。掌握复杂的知识技能，要求学习者付出更多的努力及有指导的练习，如果缺少学习者的内部学习动机，付出这种努力的愿望就很可能得借助于其他手段。

10. 发展对学习的影响。在个体发展的过程中，会有各种不同的学习机会和约束条件。只有充分考虑身体、智力、情绪和社会交往领域不同的发展阶段内和发展阶段中的特点，学习才会取得最佳的效果。

11. 社会交往对学习的影响。学习受到社会互动、人际关系和沟通方式的影响。教育工作者要有意识地创造积极互动的机会，提供稳定、信任和关爱的优质人际关系，增强学习者的归属感、自尊自爱感，形成积极学习的氛围，提高其学习效能。

12. 学习中的个别差异。学习者有不同的学习策略、学习方式和学习能力，这些都是受到原有经验和遗传的影响。教育工作者必须对个别差异有相当的敏感，通过多种教学方法和教学内容来调适个别差异。

13. 学习与多样性。当我们考虑了学习者语言的、文化的和社会经济背景方面的差异时，学习才是最有效的。

14. 标准与评估。建立适当高度和富有挑战性的标准，既评估学习者，也评估学习过程，包括诊断性评估、过程性评估和结果性评估，这是学习过程不可缺少的一部分。

五、 小结

归纳来看，"以学生为本"的教学理念既是针对当代课堂教学实践中存在的"教师中心""教材中心""课堂中心""知识中心""考试中心"问题的深入反思，也是针对新时期教育需求从"有学上"转向"上好学"，积极探索"学生全面发展""适合学生的教育""变革育人方式""课堂提质增效""改进教育评价"等方面的实践指南，它不仅反映出当代课程改革和教师专业标准的外部要求，也体现着教学要遵循学生心理发展规律的内在觉醒。

第二节
"以学生为本" 的教学特征

"以学生为本"即"以学生发展为本",它是"以人为本""以人民为中心""育人为本"等观念在教育教学中的具体体现,这里所言的学生发展蕴含全体发展、全面发展、差异发展、主动发展和持续发展。

"以学生为本"的教学就是指从学生发展立场出发去设计、实施和评价教学,基于学情,调动学生主体,促进学生学会、学好。针对当前教学现状和教育改革要求,教学要从以"教"为中心转向以"学"为中心,实现以下六个方面转变。

第一,教学目标从"教师完成教材讲解任务"转向"有效促进学生学习与发展"。"教"是为"学"服务的专业行为,发挥着促进、引导和帮助的作用,不能成为学生学习与发展的包袱和桎梏。学习成为学生有意义的、积极的、增值的成长活动,而非机械的、消极的、损伤的时间损耗。学生发展体现出全体性、全面性、差异性、主动性、持续性,而非少数的、片面的、不充分的、不适宜的。

第二,教学内容从"枯燥、零散、抽象的文本材料"转向"适合学生学习需要的生活经验与必备知识"。教学内容选择既要适合社会需要和尊重知识生成规律,又要遵循儿童学习特点,体现时代发展逻辑、学科知识逻辑与学生生活逻辑相统一,以教学内容搭建学生与社会、学生与知识、学生与发展的畅通桥梁,体现生活化、实践性、整合性的特征。

第三,教学方式从"教师传授的单一模式"转向"师生对话的多重模式"。教师本着"以学定教、以教促学"的教学理念,将集体教学、分组研讨、同伴互学和个体自主活动有效结合起来,增强师生互动、生生互动,突出学生主体地位,发挥教师主导作用。教学活动要防止教师过多的低效传递占用学生必要的学习时间,"导""启""赞"是高级的"教","习""思""行"是必要的"学"。教学方式体现知行合一、学思结合特征,倡导"做中学""用中学""创中学",引导学生参与学科探究与实践活动,培养学生在真实情境中综合运用知识解决问题的能力。

第四，教学过程从"以知识信息传递为重心"转向"以教学相长为重心"。一方面，教师重视学生在学习过程中的体验、感悟和建构，使得学生把情境体验作为学习的必要经历；把理解感悟作为学习的重要基础；把认知建构作为学习的根本归宿，将学习过程回归实践，引导学生在真实情境中发现问题、提出问题、分析问题和解决问题。另一方面，教师通过观察、复盘、研究学生的学习过程与效果，有意识地反思和改进教学，教学过程既是教师认识、理解和走进学生的过程，也是教师自身专业成长与发展的过程。

第五，教学环境从"传统教室"转向"学习活动场域"。教室的中心从讲台转到台下学生的主要活动区域，物理空间设计得更像"学室"，包括桌椅的摆放、墙面的板报设计、专用的活动空间、多媒体技术等有效支持学生的主动探究、对话协作、交流展示，鼓励创建师生、生生、家校等民主参与的课堂文化。此外，还可以开辟学校和教室外的以学生为本的教学环境，为学生创建"建构性""自控性""情境性""协同性"特征的学习活动场域。

第六，教学评价从"以外部结果考核为主"转向"加强内在过程激励"。树立教学评价促进学习的理念，指导学生掌握自我评价、同伴评价方法，以及民主参与教学评价过程，学会运用评价结果开展自我反思和改进学习。教师在改进结果评价的同时，学习掌握和创新应用过程性评价、协商式评价、基于证据评价、增值性评价、表现性评价等方式方法，实现以评促学。

"以学生为本"的教学不是对现有课堂教学模式的全部颠覆，而是在教学实践中追求"小步子""微创新""渐进性"的教学方式改革与优化。因此，这里需要进一步澄清和理解以下几个问题。

首先，"以学生为本"的教学鼓励学生自主学习和自我管理的同时，不是让学生自己"百花齐放""天马行空""放牛吃草""随心所欲"，而是要基于学生身心发展特征和需要，遵循教与学的规律，挖掘学生学习潜能，重视培养学生的独立学习能力。

其次，"以学生为本"的教学在强调发挥学生主体性的同时，不是抹杀或忽视教师作用，而是对教师的主导作用提出更高、更新的要求，教师要成为学生学习的帮助者、促进者和专业合作伙伴。

再次，"以学生为本"的教学在积极倡导启发式、参与式、情境式的建构式教学模式的同时，不是要取消讲授类教学方法，而是要改进"直导式"教学模式，从"宣灌式"讲解转向"启发式"传授。

最后，"以学生为本"的教学在强调以学生发展为中心的同时，不是否定教育的社会发展功能，而是兼顾人的发展与社会发展相统一，以"育人为本"为出发点积极适应未来社会对人才培养与发展的新需求。（"以学生为本"的课堂教学特征参见"链接1-6"）

链接 1-6 "以学生为本"的课堂教学特征 ❶

学生表现：

√ 学生能够保持持续的注意力，集中于课堂学习。

√ 学生积极参与课堂中各种学习活动。

√ 学生积极与教师、同伴进行交流与互动。

教师表现：

√ 教师能够根据学生表现灵活调整教学。

√ 教师能够给予学生明确合理的反馈。

√ 教师经常鼓励和肯定学生，同时引导学生之间相互尊重与肯定。

√ 教师能够有效调控学习活动的开展。

第三节
"以学生为本" 的教学原则

"以学生为本"的教学原则是关于如何设计和实施"以学生为本"的教学、促进学生有效学习的指导性原理和行为准则，倡导教师站在学生的角度考虑如何帮助他们更好地进行学习，例如：学生学习的目标是什么，需要学习什么样的内容，什么样的学习方式更好，该创设什么样的学习环境，该如何进行学习评价等。教师需要在清晰认识"以学生为本"的教学理念基础上遵循一定的教学原

---

❶ 李爽，陈丽. "以学生为中心"的教学原理与实践指南. 北京：中央广播电视大学出版社，2011.

则，探索相应的教学策略，促进学生的多维度发展。

一、 学情分析贯通原则

影响学习的最重要的因素是学生已经知道了什么、学生最需要什么，我们应当根据学生原有的知识状况和学生兴趣去进行教学。学情是确定教学目标和组织学习活动的重要依据。学情分析既要了解学生的学习需求与兴趣，还要掌握学生已有知识基础和生活经验以及理解能力与学习能力，考虑学生在主题内容学习中的欠缺和不足，并且把学情分析贯穿在教学前、中、后的过程中，形成学情分析连续体。

（一）了解学生兴趣与学习需求，建立积极的"学习心向"

学情分析的一个重要方面是考虑学生对学习的主题内容的兴趣和需求。教师要把学生看作积极的学习者，依据学生的兴趣，了解学生已有情感态度、价值取向，从而找到教学目标和学习内容与学习心向的结合点，以便更好地选择学习活动的内容与形式，实现教学目标。当然，教师要确保学习活动为教学目标服务，活动与任务设计不能单纯为了迎合学生的兴趣需要，以致在热闹的气氛中偏离或者丢失了教学目标。

（二）掌握学生知识基础与生活经验，识别教学的"最近发展区"

教师要了解学生与学习主题紧密相关的已有知识基础与实际生活经验，同时预设学生在有效参与学习过程中可能会遇到的困难，以此为依据发现教学"最近发展区"，即学生现有水平与学生可能的发展水平之间的差距，并适时提供学习帮助。与学生认知水平以及实际生活相关的、有意义的学习能够促进其学习态度、学习兴趣、学习信心、学习动机和学习能力的持久变化。

（三）学情分析贯穿在教学的前、中、后过程中，构建学情分析连续体

关注学情并不只发生在教学前，而是一个贯穿课前、课中、课后的连续过程，形成以"学习起点—学习状态—学习结果"为框架的学情分析连续体，不断更新、循环往复。在这个循环往复的过程中，通过学情分析与教学过程相整合，实现教学过程与反馈评价有机融合，使学生的学情需求、学习过程与学习结果紧密相连。学情分析突出了学生的主体地位，是教师确定教学目标、教学内容、教

学过程和活动以及教学评价的依据，也是教师确定如何合理、充分地利用学生资源的一个重要依据。

要真正做好"以学生为本"的学情分析，教师不能单纯依据教学经验和主观判断进行学情分析，要借助问卷调查、访谈、课堂观察等方式来获取学生的课堂学习参与情况以及学习收获等信息，作为设计教学目标、教学过程以及评价教学效果的依据。此外，教师还要关注学生在学习过程中学习态度、行为、能力等方面的发展，教师不仅仅要成为研究"教"的专家，更是研究"学"的专家。

二、 学习目标导向原则

学习目标是义务教育阶段培养目标、学科课程目标、教学目标的逐级落实和具体表现。以核心素养培养为统领，准确定位学习目标是落实"以学生为本"教学理念的保障。教师在确定学生学习目标时要以学生为主体，既能体现学生在学习过程中的行为变化，也能体现学生的学科知识多维度内容，并且使得目标可测、可评、可行。

（一）关注核心素养培养，把握学习目标设计方向

教师在教学中既要注重培养学生相应的学科能力，更要聚焦学生发展的核心素养，注重培养学生适应未来发展的正确价值观、必备品格和关键能力。课程标准提出的核心素养内涵、学科课程总目标和学段目标应为教学目标和学习目标设计的重要依据。

（二）多维而有重点地审视学习目标，且要可测、可评、可行

教师要掌握目标分类设计技术，可以从知识维度（陈述性知识、程序性知识、策略性知识）和认知过程维度（识记、理解、运用、分析、综合和评价），多视角审视学习目标，但是，在一节课有限的时间内，教师需要明确多维目标中的重点指标。当然，一节课的教学并非要牵强地确定三维或者多维目标，为了完成一系列目标而匆忙地实施各个学习活动会导致教学目标无法充分实现。教师要确保在单元学习的过程中，学生的能力有多维度、综合的提高。同时，学习目标的制订要有明确合理的依据和评价活动，体现学习目标的可测、可评、可行等特征，确保以目标为导向，实现学生有效学习。

三、 学习活动体验原则

如何通过学习活动体验让学生最大限度地参与到学习中，并得到最优的发展，是"以学生为本"的教学理念转化为学习实践的重要一环。符合教学内容逻辑的活动为什么成了教师的独白活动？精心设计的教学情境和内容为什么没有得到学生的积极回应？其主要原因有缺乏活动工具开发与应用意识，活动设计不符合学生的生活经验和认知水平，无法充分调动学生积极性，不能提供多样化的学习体验，活动体验缺少结构化和指导性，等等。

（一）开发和应用多种教学活动工具，激活学生学习动力

教学活动工具是指将教师在教学过程中为促进学生积极学习和有效达成教学目标而采取的活动手段。它除了教具、学具等可视化的教学物料工具以外，还包括教学活动中用到的表格、流程、图例等抽象的教学思维工具，以及有效开展教学活动的教学活动组织方法工具。为了激发学生学习动机，营造积极的课堂氛围和参与性学习情境，创造学生实践体验机会，教师可结合教学需要和学生兴趣特征创造性开发和应用多种教学活动工具，让课堂真正"活"起来，实现教学方式转变。

（二）提供多样化的活动体验，促进学生深层次的学习与发展

教师要注重为学生提供多样化的活动体验，促进学生深层次的学习与发展。教师不仅要关注活动形式的多样化，还要关注活动层次的多样性，促进学生认知能力和学习能力的发展。就活动形式而言，要体现自主、合作、探究三种学习体验的结合。就活动层次而言，要体现学习理解、实践应用和创新迁移三个层次学习活动的融合。教师要有意识地通过多样化的学习体验，培养和发展学生解决问题、合作创新的能力，让学生学会发现、研究和解决问题，学会与人合作，学会寻求帮助和寻找资源，成为具有批判精神和创新精神的学习者。

（三）走出活动教学误区，提高学科实践活动效果

一些教师认为"以学生为本"就是要开展各种小组活动，课堂气氛要活跃，而忽视了实践活动的有效性。教师在进行教学设计时，要依据学习目标对课堂上预计实施的个人独立学习活动、同桌同伴互帮互学活动、小组合作活动、全班集

体活动进行更细致的规划，预设学生学习中可能出现的问题，预设解决方法，在活动过程中为学生提供有效的支持和引导。同时，教师要围绕学习目标，设计学习理解、实践应用、创新迁移等一系列体现综合性、关联性和实践性的学习活动，使学生基于已有的知识，依托不同类型的学习活动，在分析问题和解决问题的过程中促进自身学科知识、学科技能和多元思维的发展，促成思维能力和学习能力的融合发展。

（四）给学生一定自主选择的权利，培养学生的自主学习能力

"以学生为本"的课堂的一个主要目标是培养学生的自主学习能力，让学生具备自主规划学习目标和内容、自主选择学习方法、自主完成学习任务的能力。因此，教师不仅要给学生提供多样化的活动体验，让学生参与到多类型的学习活动中，还要注重培养学生通过反思与交流获得有效的学习策略和方法，为学生的自主学习提供有力的支持；教师在设计学习活动时，可以设计两三个不同层次的活动供学生自主选择，让学生根据自己的水平选择学习活动任务；教师要给予学生一定的指导和激励，让学生有能力去完成学习任务，同时愿意去挑战略高于自己学习水平的任务。

四、 学习环境适宜原则

在"以学生为本"的教学中，教师为了满足学生的学习需求，要关注如何创建适宜的学习环境，其特征包括：对学生个人兴趣、感受、观点的尊重；积极的归属感和同学间的依赖感；与教师之间积极的人际关系；有意义、富有挑战性的学习任务；对自己的理解能力、学习能力的信心；学习过程的乐趣；大量获得知识的机会；自己的努力和成功得到认可。教师在课堂教学中不仅要营造一种相互尊重、相互依赖、和谐的人际关系氛围，还要通过有意义、富有挑战的学习任务，让学生在挑战中获得乐趣。同时，教师要激励学生积极参与学习活动，获得成功的学习体验，使学习努力和成功获得认可，进而提升自信心，激励其产生持续的学习动力和行为。

（一）利用多样激励措施，使学生积极参与学习过程

设置良好的学习环境是培养学生学习动机的动力之源，教师需要恰当运用多种激励方式，如参与激励、竞争激励、荣誉激励和榜样激励等方式激励学生积极

参与课堂活动，变被动学习为主动学习。此外，教师可以运用师生协商确定学习目标的方式来激励学生学习。鼓励学生设定符合实际且略高于以往学业成就水平的具有挑战性的目标；可以和学生一起制订学习目标，沟通学习问题和发展需求，给学生自主选择的权利，让他们决定自己的学习重点，以及要突破哪一方面的学习难点；师生可一起沟通确定可行的阶段发展目标及预期分数，教师协助学生实现"微目标"，小的成功体验的累积有助于学生建立持久的自信和勇气，最终使他们更愿意迎接更加复杂的挑战。

（二）适时提供反馈与帮助，使学生有能力参与学习

教师要避免单纯靠情感沟通赢得学生对教师、对学科学习的喜爱。如果教师没有给予相应的学习策略和方法指导，学生会因付出了时间、精力但是学习实效不明显而产生挫败感。教师可以运用多种方法引导，适时给予学生学习反馈和个性化帮助，指导学生尝试运用有效的学习策略，提升学习实效，从而产生持续学习的意志和行为。教师的帮助还包括：给予学生在倾听教师对作业内容讲解基础上重做作业的机会；给予学生第二次测试的机会。测试的目的是激励学生掌握学习内容，评价自己的欠缺，而不是单纯地评价学生的学习成绩。例如，一位教师给予学困生的额外帮助是在检测前给学生时间复习、巩固所学的知识，给学生表现并达成预期目标的机会。教师还可以通过分层作业、分层评价给予学生选择的机会和自我评价的机会。例如，一位教师在进行单元测试时，在测试卷中标注出哪些是基础题，哪些是拔高题，让学生自主选择自己要完成的8～10个题目。这种选择给所有学生提供了展示自我发展、评价自我发展的机会，使学生有信心、有能力参与到学习中，并实现更好的发展。

（三）适时提出挑战，激励学生向更高的目标努力

本项目团队开展的学生访谈结果表明，有趣味的挑战活动能够促成学生改变学习态度和行为。在学习过程中愿意融入自己的想法，不愿意机械模仿，是很多学生的真实学习愿望。按照个体自己的认知结构组织起来的材料是最有希望在其记忆中"自由出入"的材料。基础薄弱的学生学习态度和行为改变的一个关键是学习与自我建立了联系，趣味与挑战并存的学习活动能激励学生主动地在已有的知识结构上建构新的学习内容。这样的学习活动使课堂学习有意义、有活力，使学生愿意向更高的目标努力。

五、 学习评价正能量原则

教学评价要避免评价功能异化，发挥评价对于学生发展和教师教学具有诊断、激励和改善功能。"以学生为本"的教学评价要求教师要发挥学生的主体作用，综合运用学生自评、同伴互评、教师评价等形式，体现其正能量。

（一）引导学生相互倾听、相互评价

相互倾听、相互评价的意识和习惯是学生真正成为课堂学习主体的重要体现。在"以学生为本"的课堂中，学生之间的互动交流成为课堂学习的一种重要形式。学生之间的相互倾听、相互评价尤为重要。

教师要发现、利用学生资源，引导学生进行欣赏性评价，在评价他人作品时要寻找亮点，而不是单纯指出错误。教师可以充分利用学生自评、互评以及教师评价的过程，发现学生运用的有效解决问题的思路和方法、有效的学习策略等，引导学生进行分享、学习，提升学习能力。

教师不但要让学生积极参与评价，还应结合具体案例，和学生一起分析，使学生了解评价目标，学习操作过程，通过评价进一步引导学生反思，逐步提升独立学习的能力，这才是形成性评价的真正意义所在。除了引导学生自主评价，教师还要引导学生对学习过程以及评价过程进行自我反思。

（二）综合运用多种评价方式，适时运用教师评价

鼓励学生参与评价，并不意味着教师评价的缺失，教师更要适时地进行反馈评价，以引导、引领学生的发展方向。例如，课堂中的展示汇报环节需要教师综合运用多种评价方式，除了自主评价、相互评价，教师还要对学生的表现进行合理的反馈评价。评价的语言不能宽泛，类似"非常好""同学们非常棒"这种模糊的标签式评价语言既不能评价出学生的表现，也不能促使学生改进和提高。教师需要针对学生的具体学习内容、已有表现给出具体的反馈和评价，例如，"三明治评价""321评价"和"闪光点评价"等都是行之有效的评价模式。

（三）鼓励学生进行自主评价

教师要在有限的课堂教学时间内培养学生自主评价的意识和能力，给学生提供自我反思与评价的时间和机会，而不是让学生被动地等待教师布置任务，等待

教师的评价。学生自主评价能力的培养能够有效地帮助教师解决教学反馈指导时间不够的问题，使学生有效学习并发展自主学习的能力。"以学生为本"教学的一个重要目标是提升学生的自主评价能力。现在很多教师注重对学生的学习进行评价，目的是促进学习，却往往忽视了在评价过程中让学生通过参与评价，学会自主评价并在评价中学习。课堂输出、展示任务以及课后作业等都是教师评价学生学习效果的重要方式，但并不是仅有的形式，教师要充分利用学生资源，让学生参与到课后学情分析中。当学生在学习过程中参与得越多，并有机会谈论他们学到了哪些、是如何学习的，他们的学习就越有效。在课堂教学中，我们常常看到有些课有很多教学活动，师生互动、生生互动，看似内容很丰富、很紧凑，学生却没有思考和讨论学习中的困难、问题以及收获的时间与机会，教师很难判断学生的学习实效和学习发展需求；学生课后学习的内容基本是完成教师布置的作业，学习并没有成为课前、课中与课后延续的过程。因此，教师要引导学生自我评价学习收获、问题，要在课尾"留白"，如在教学过程中或者结束前留出 5 分钟左右的时间让学生自主思考学习收获与问题。

当然，教师也可以把这个提问框架留给学生，作为他们课后自主反思的框架，培养学生自主学习和评价的能力，使学生由被动跟着教师完成学习任务转变为积极参与、评价教学活动，掌控自己的学习过程与学习实效。教师也能够借助学生的反思结果获得关于教与学的更多信息，作为教学反思、明确学生后续学习的重点以及改进教学的依据。（教师引导学生反思的流程参见"链接 1-7"）

链接 1-7　教师引导学生反思的流程❶

第一个方面，本节课的收获。让学生主动思考：学到了什么？学会了什么？哪些内容和收获对今后的学习有帮助？教师可以依据教学内容引导学生思考以下问题：

1. 这节课学到了哪些内容？

2. 印象深刻的环节和内容是什么？

3. 从老师、同学的语言中捕捉、记录了哪些有价值的语言和信息？

4. 学习策略方面有哪些收获？

---

❶ 李宝荣. 以提升能力为本：基于学生研究的英语教学. 北京：教育科学出版社，2015.

教师要指导学生不仅梳理具体的知识、技能方面的收获，还要思考学习态度、情感、价值观和学习策略方面的收获。

第二个方面，学习困难。教师要鼓励学生反思学习过程中的困难，课上或者课下及时利用多种资源解决困难和问题，而不是把困难堆积起来，逐渐地"视而不见"。教师可以引导学生重点思考以下三个问题：

1. 本节课的学习中你感到最困难的内容是什么？
2. 完成哪些作业会感到困难？
3. 希望老师或者同学帮助解决的疑惑或问题是什么？

六、 教师有效支持原则

在"以学生为本"的课堂中突出学生学习主体地位的同时，也要强调教师在课堂教学中的主导作用。教师要适时地指导并引导学生发展，在自主学习活动中给学生提供支持，实现对自主学习活动的有效引导，而不是随意放手让学生孤立学习或者表面热闹地开展合作探究。

（一）教师发挥组织者与管理者的作用，为充分发挥学生主体作用护航

在课堂教学中，教师要发挥组织者与管理者的作用，特别是针对基础薄弱的学生，教师的引导作用、资源作用是充分发挥学生主体作用的保障。在"以学生为本"的教学中，教师要以让学习真正发生为出发点，在设计学习活动时侧重考虑：如何促进学生认知、思维和行为的发展及变化；如何促进学生学习行为、能力和心理倾向产生积极、持久的发展变化；如何创造活跃的课堂气氛。有时教师会更关注热闹的课堂、积极的讨论，却忽略了课堂教学目标、内容和效果。坚持"以学生为本"，强调发挥学生的主体作用，对教师如何发挥主导作用提出了更高的要求。教师的主导作用表现为帮助学生明确学习目的、学习要求和内容，对教材进行加工，选择运用恰当的方法组织实施教学，并管理教学。

（二）教师发挥引导者与促进者的作用，为充分发挥学生主体作用导航

在课堂教学中，教师有和学生互动的机会，有近距离观察学生学习行为并进行即时指导的机会，因此，课堂教学的一个重要价值在于教师在围绕教学内容和

学生互动过程中对学生学习态度、方法、行为以及观念进行引导，促进学生改进学习行为，提升学习实效。因此，教师要注重观察、分析学生在学习态度、策略以及观念等方面的障碍和困难，必要时调整教学环节和活动，对学生进行适时的指导和引导。教师在观察学生学习过程时，不仅要分析是否给了学生足够的学习时间和空间，还要敏锐地分析学生学习问题背后的真正原因。当学生的学习问题是粗心或者知识缺乏造成时，教师要分析表象背后是否存在学习方法和策略的欠缺与不足，通过及时指导和引导，促使学生在解决一个学习问题时获得学习方法和策略，而不是单纯地告知学生正确答案。

（三）教师发挥示范者与引领者的作用，为充分发挥学生主体作用领航

教师要作为示范者，以言传身教积极引领学生的学习需求，而不只是向学生提出要求。当学生不知道如何完成学习任务时，或不知道如何有效利用学习策略、学习方法进行学习时，教师要为学生搭建台阶，并示范如何完成任务。教师不仅要示范如何完成学习任务、如何有效学习，更要示范如何有效沟通、如何有效倾听、如何进行自主评价等。对学生在学习过程中需要发展的多种能力，教师要充分发挥示范作用。"以学生为本"并不意味着教师要一味地满足学生的学习需求，教师的主要作用是调查、分析学生的需求，并判断哪些需求合理，符合学生的认知基础和学科学习规律。教师要加强对学生自主规划、自我评价的意识和能力的培养，使学生逐渐形成自主学习的能力。

第四节
"以学生为本" 的教学设计

教学设计是根据课程标准的要求和教学对象的特点，将教学诸要素有序安排，确定合适的教学方案的设想和计划。传统的教学设计一般包括教学目标、教学重难点、教学方法、教学步骤与时间分配等要素，突出教师的主观意愿和控制作用。

一、"以学生为本"的教学设计流程图

"以学生为本"的教学设计强调基于学生发展规律、特征和个别化需要而开展教学设计，突出学生客观条件和主体作用。教师首先从课标要求入手了解教学的应然目标，再分析学习内容特征和学生学情的实然条件，通过找出应然目标与实然目标的差距，以及学生学习的重点与难点，指导学生确定学习目标。最后基于对学生学习过程的各要素分析来设计教学流程图（图1-1），理清教学思路，作为教学过程的目标、内容、方式、预期结果、时间等要素的设计依据。

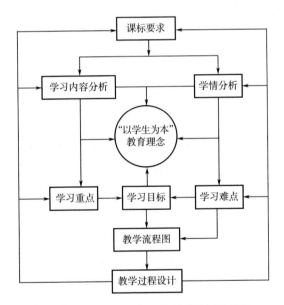

图1-1 "以学生为本"的教学设计流程图

"以学生为本"的教学设计从"为什么学"入手，针对"学什么""如何学""学得怎样"等问题设计教学过程各环节，避免传统教学设计过分关注教师"教什么"的内容而忽视了"教什么"的结果，即学生"学会了什么"的问题，以试图把教师的主观愿望与学生的客观条件结合起来，兼顾发挥教师的主导作用和学生的主体作用。

二、"以学生为本" 的教学设计方法

（一）理解课程标准要求

课程标准规定了各学科的课程性质、课程理念、课程目标、课程内容、学业质量和课程实施等要求，是对学生在经过一段时间的学习后应该知道什么和能做什么的界定和表述，实际上反映了国家对学生学习结果的期望。课程标准通常包括了几种具有内在关联的标准，主要有内容标准（划定学习领域）和表现标准（规定学生在某领域应达到的水平），不仅是教材编写、教学实施的指南，也是评估和考试命题的依据。

各学科以学段、学年、学期、大单元和单节课为不同时间单位，制定教学规划、教学计划和教学方案并实施，以体现和落实课程标准要求。从单节课教学设计方案来说，一节课不可能全面体现课程标准的每一项要求，但是教师需要了解该节课能重点体现课程标准的哪些核心要旨与特别指向，如何在教学设计中把握和体现课程标准对学生学习的期望结果，该节课在内容和形式方面是如何体现课标要求的。

如果要使得课程标准能落地课堂，需要教师在教学设计中认真学习领会，并努力找到课标要求与教学现状之间的差距和结合点，特别是在学生学习基础和学校资源条件方面，教师一方面要实事求是作出判断分析，同时也要发挥自己的主动性，因地制宜，创造性地设计教与学的活动以落实课标的要求。

（二）整体把握学习内容

学习内容分析对于教学设计者来说，既有助于他们对学习内容的理解，又有助于他们对教学设计的决策。没有学习内容的分析，设计者对于内容的理解便会带有一定的模糊性，决策可能会因此缺乏应有的理性，甚至可能被想当然的经验所代替。

学习内容分析的重要方面包括：学习内容的背景来源，所包含的知识点及其体系构成，在学科、单元中体现的独特价值与功能，该部分内容的课型分类等。教师可以遵循以下分析策略：

第一，通读本学科全套教材，分析这节课内容在整个学科教材中的地位，即本节课的学习内容与以前学习过的、今后将要学习的哪些内容有联系。这种"联

系"包括三个层次：本节课内容在整个学科教材体系的地位和承上启下的作用；本节课的内容在所教学段中所处的地位和作用；本节课的内容在这个知识单元中所处的地位关系和作用。

第二，精读本册教材和教参，分析这一节课的内容期望达到的广度和深度，即在对上述整体联系的理解之下，确定本节课的学习内容与其他哪些内容要建立宽泛的观念联系、哪些内容需要达到一定的理解深度。

第三，梳理和研究诸多内容目标类型，分析在这么多宽泛的、深刻的或者说知识技能类的、过程方法类的和情感态度类的目标中，哪一个是在本节课有限时间内需要重点完成的，哪几个是附带完成的。通过这样一个从整体到局部的内容分析，教师最终确定本节课的教学目标，而且清楚地知道自己制订的这些目标背后的知识脉络。

（三）全面分析学生学情

学情分析是提高课堂教学的实效性、实现课堂教学"以学生为本"的基础。对教师而言，学生的情况非常复杂，个体差异普遍存在，如何在教学之前更好地了解学生，以使教学能从学生起点出发、满足学生需求，提高教学的质量和效率，是教师在学习内容分析的基础上应该关注的问题。教师可以从以下五个方面做学情分析：

第一，掌握学生的起点能力。起点能力是指在学习新内容之前原有知识和技能等方面的准备水平，是学生学习新知识和形成新能力的必要条件，它在很大程度上决定了教学的成效。学生起点能力的分析主要包括了解学生的认知基础、接受水平、学习能力及思维规律等，如学生已经具备了哪些知识与技能，还没有掌握的知识与技能有哪些？哪些知识是通过努力自己能学会的，哪些知识是需要在教师点拨和引导下才能学会的？怎样引导更符合学生的认知水平？怎样点拨对学生最有帮助？

第二，关注学生的非智力因素，包括学生的学习兴趣、学习态度和学习习惯等。学生的发展和成长是智力因素和非智力因素共同作用的结果，以情感需要为核心的一系列非智力因素，是影响并制约学生学习和发展的内在动力机制。教师应尽可能深入地了解每个学生的精神世界。因此，学情分析必须充分关注学生的心理需求，注重激发学生的内在学习动机，如了解学生对哪些内容感兴趣，乐于参与什么样的教学活动，哪些教学方法和学习方式能给学生带来新的体验和成就感等。

第三，预测学生的"可能情况"。课堂教学中存在着不确定因素，要求教师在每一节课前对学生的"可能情况"进行预测和分析，对课堂教学中可能出现的生成点加以深入研究和思考。既要对学生在学习过程中的各种"可能"进行准确全面的预测，又要精心做好应对的预案分析，以便在遇到突发情况时能合理地处置和有效地引导。

第四，重视学生的实时行为。课堂教学的对象是学生，每个学生都是鲜活的个体，教学中学生的行为不可能完全按照教师的设计意图来进行。因此，真正的学情源自课堂，最有效的学情分析应是对课堂教学的高度关注。教师一方面要通过认真观察和倾听，及时了解学生的所思、所为，并以此为依据合理地调控教学进程；另一方面要密切关注学生的学习状态，准确了解学生的体会和感受，并从有利于学生全面发展的实际需要出发，有效开发和利用课堂教学中的生成性资源，修订、充实和完善教学方案，增强教学的针对性。

第五，反思学生的发展状况。通过课堂教学中与学生的对话和互动，教师对于学生认知水平和学习能力的了解更加准确，对学生行为习惯和学习风格的认识会有许多新的感受和思考，将这些了解与认识、感受与思考及时进行总结、分析和记录，不仅能为今后的教学提供参考和借鉴，有利于及时弥补教学中的不足，尽可能减少失误造成的不良影响，而且也对确定学生再学习的起点具有至关重要的作用。

（四）清晰阐述学习目标

学习目标是预期的学生学习成果指标，它是教学的出发点，也是教学的最终归宿。它与课程目标和教学目标之间密切相关，但也有区别。

就课程目标而言，我国中小学教学改革经历了从"双基"到"三维目标"再到"核心素养"三个阶段，完成了从知识到学科到人的转向。2022年版义务教育课程方案和课程标准明确了各学科"核心素养"的内涵、学段目标和单元目标，构建起课堂教学比较完整的目标体系，从以知识本位、学科本位转向了以学生的发展为本，对知识、能力、态度进行了有机整合，体现了对学生在学习中的主体地位的高度重视和充分肯定。2022年版课程标准所提出的"素养目标"，是目的、方向，是贯穿教学全过程的一根红线，是教学目标分析与确定的指导思想，保证在目标分析过程中不失偏颇，但它不是教学目标和学习目标的陈述形式。

教学目标是教师在教学过程中所预设的学生变化结果，对学生学习目标、教学过程、方法、技术、媒体选择和运用以及学习结果测评发挥着导向作用。但它只是教师的主观愿望和设计，通常与学生学习目标或结果之间还存在着落差。

学习目标体现的是学生要实现的具体学习结果，是教学目标的具体化指标，体现出学习过程中学生能做到什么。行为目标通常用 ABCD 格式陈述，ABCD 代表"学习者（Audience）""行为（Behavior）""条件（Conditions）"以及"程度（Degree）"四个词的英文首字母。

A：Audience，意指"学习者"。行为目标描述的应是学生的行为，而不是教师行为。规范的行为目标应是"学生应该……"或"我能……"，而不是"教给学生……"或"教师将说明……"。

B：Behavior，意指"行为"。要说明通过学习后，学习者应能够做什么，并需要用行为动词描述学生所形成的可观察、可测量的具体行为。如辨别、描述、背诵等等。

C：Conditions，意指"条件"。说明上述行为是在什么条件下产生的。对条件的表述有四种类型：一是是否允许使用手册与辅助手段，如"可以/不可以带计算器"；二是提供信息或提示，如"给出一张中国行政区划图，能标出……"；三是时间的限制，如"在 10 分钟内，能做完……"；四是完成行为的情景，如"在课堂讨论时，能叙述……要点"。

D：Degree，意指"程度"。指学生对目标所达到的最低表现水准，用以评价学习表现或学习结果所达到的程度。如"至少写出三种解题方案""百分之九十都对""完整无误"等。

需要注意的是，ABCD 法只强调行为结果而未注意内在的心理过程，因而可能引导人们只注意学习者外在行为变化而忽视其内在的能力和情感的变化。因此，我们还需运用内外结合表述学习目标的编写方法，既"总体目标—具体行为"的方法。我们可以把课堂教学目标分为两个水平：一是总体目标，侧重描述学生内部的心理发展，用"记忆""理解""应用""分析""创造""欣赏"等抽象语言来表述学习结果，反映教师总的教学意图；二是具体行为，侧重描述学生达成目标时的具体行为，是总体目标的具体化，是达成总体目标时具有代表性的行为例子，是我们评价总体目标是否实现的依据。

通常，学习目标需要在教师指导下由学生领会和建构。学生可以用个人学习目标、小组学习目标和全班集体学习目标等方式设定出来，也可以按不同时长的学习单元、学习活动或任务来表述学习目标，以作为学习活动的导向。

（五）准确识别学习重点、难点

学习重点，顾名思义，就是"学习内容中的重要部分"，就是学生在学习中必须掌握的知识点或技能项，要下气力去学、去练的部分。如果学不好、练不够，就会影响本节课甚至以后相关内容的学习目标实现。因此，学习重点是客观的，针对每一个学生来说关键内容。

一般来说，学习重点在教材中。教师根据教材的内容结构，从知识点中梳理出重点。理解知识点，首先是要理解这部分内容整体的知识结构和内容间的逻辑关系，再把相应的教学内容放到知识的结构链中去理解。其次是理解整个单元的知识点，特别是要详细地知道每节课的知识点，在教学中做到不遗漏、不添加。如果知识点是某单元或某内容的核心，是后续学习的基石或有广泛应用等，那么它就是教学重点。学习重点一般由教材内容决定，对每个学生是一致的。一节课的知识点可能有多个，但重点一般只有一两个。

学习难点，顾名思义，就是学生学习中的"难学的部分"，或者说是学生如学不会或学得不好就难以完成学习目标，甚至影响本节课和今后学习质量的那些内容。

教师要根据学生的认知水平，从重点中确定好难点。学习难点与学生的学科认知结构有关，是由于学生原有学科认知结构与学习新内容之间的矛盾而产生的。把新知识、新技能纳入原有的认知结构，从而扩大原有认知结构的过程是同化。当新知识、新技能不能同化于原有的认知结构时改造认知结构，使新知识、新技能能适应这种结构的过程是顺应。从学生的认知水平来分析，通过同化掌握的知识点、技能点是学习重点，通过顺应掌握的知识点、技能点既是重点又是难点。学习难点可能存在差异，有些知识或技能可能对有的学生来说是难点，但对另一部分学生来说不是。

由于难点与重点形成的依据不同，教师在教学中还需要在分析学习内容与学生的实际学情的基础上，区分好教学重点和难点。

找准知识、技能的生长点是突出重点、突破难点的条件。教师可依据以下三点找准知识、技能生长点：第一，有的新知识、新技能与某些旧知识、经验属同类或相似，要突出"共同点"，进而突破重难点；第二，有的新知识、新技能由两个或两个以上旧知识、经验组合而成，要突出"连接点"，进而突破重难点；第三，有的新知识、新技能由某旧知识、经验发展而来，要突出"演变点"，进而突破重难点。

（六）创造性编制教学流程图

教学流程图就是用特殊约定的符号或图形将教学设计中的各个教学环节按一

定的顺序结构表示出来，体现学与教的各核心要素之间逻辑关系与结构组合。从上面的定义可以知道，教学流程图就是用最简洁的方式，将文字转化为符号或图形，结合实际的教学情境，按照教学的先后顺序来呈现系统化的教学过程。因而，教学流程图是浓缩了的教学过程，它具有层次清楚、简明扼要的特点，可以直观地显示在课堂活动中各个环节之间的联系，呈现教学过程中的重难点，反映教师的教学过程设计的逻辑性、层次性和专业性。

教学流程图是课堂教学过程的基本框架，决定了整个课堂的结构与发展走向。从时间层面来看，教学流程图的呈现应该按照课的进程从开始到结束的时间顺序进行；从内容层面来看，学习是一个循序渐进的过程，流程图呈现的应该是按照内容由易到难、由简到繁的顺序排列；从主体层面来看，教学是教师和学生进行交流的双边活动，因而在流程图的设计上自然不能脱离这两个主体，否则教学过程就会显得静态和呆板。学生在学习过程中要完成一定的学习任务，教师在对学生任务的完成情况进行评价的基础上，将信息反馈给学生并调整自己的教学，这样才能保证每名学生都能在自己的能力范围之内进行学习。

此外，在设计课时教学流程图之前，还要考虑到单元学习内容、教材的特点、学习者的特征、学习目标、学习重难点、活动组织、学习资源等教学要素，教学流程图是教师构思和呈现教学诸要素关系的框架结构。

（七）教学过程设计

众所周知，传统的教学设计通常包含下列内容与步骤：①确定教学目标；②分析学习者的特征；③根据教学目标确定教学内容和教学顺序；④根据教学内容和学习者特征的分析确定教学的起点；⑤制订教学策略；⑥根据教学目标和教学内容的要求选择与设计教学媒体；⑦进行教学评价，并根据评价所得到的反馈信息对上述教学设计中的某一个或某几个环节作出修改或调整。传统教学设计有许多优点，但也存在一个较大的弊病：以教师为中心，只强调教师的"教"而忽视学生的"学"，全部教学设计理论都是围绕如何"教"而展开，很少涉及学生如何"学"的问题。按这样的理论设计的课堂教学，学生参与教学活动的机会少，大部分时间处于被动接受状态，学生的主动性、积极性很难发挥。

20世纪80年代以来，依据现代心理学的新发现及其对学与教关系的深入认识，教学界提出了一些新的教学环节设计，参考表1-2。

表 1-2　课堂教学环节设计步骤

亨特（1983）	①目标；②定向；③呈现；④示范；⑤导练；⑥检查；⑦自练
罗米索斯基（1984）	①引起注意与激发动机；②说明教学具体目标；③回忆与补救相关旧知能；④展开教学活动；⑤展开学习活动；⑥反馈活动；⑦学习迁移；⑧课的评价；⑨总结与加深学习
加涅（1985）	①引起注意；②告知目标；③回忆相关旧知能；④呈现新内容；⑤提供学习指导；⑥引发行为表现；⑦提供信息反馈；⑧评估行为表现；⑨强化保持与迁移
巴特勒（1985）	①动机；②组织；③应用；④评价；⑤重复；⑥概括
盛群力（1993）	①指引注意，明确意向；②刺激回忆，合理提取；③优化呈现，指导编码；④尝试练习，体验结果；⑤评价反馈，调整补救；⑥强化保持，迁移扩展
皮连生（1994）	①引起注意与告知教学目标；②提示回忆原有关知识；③呈现经过组织的新信息；④阐明新旧知识的各种关系，促进理解；⑤指导学生复习并提供学习与记忆方法指导或引出学生的反应提供反馈与纠正；⑥提供知识提取的线索或提供技能应用的情境
乔纳森（1999）	①示范；②指导；③支架作用
梅里尔（2002）	①面向完整任务；②激活旧知；③示证新知；④尝试应用；⑤融会贯通
波曼（2009）	①联系；②概念；③实用联系；④总结

以上关于教学环节的设计步骤都是基于各自理论对课堂教学设计的不同理解与对策，给教学过程设计带来启发。教无定法，贵在得法。"以学生为本"的教学设计没有固定模式，但是教师要遵循以下五个重要理念设计教与学的过程步骤：

第一，要认识和遵循学生学习与发展规律，理解教学过程中各个环节的独特价值与作用，充分发挥学生在学习过程中的主动性。

第二，要让学生有多种机会在不同的情境下去应用他们所学的知识，将知识"外化"，倡导学科实践。

第三，要让学生能根据自身行动的反馈信息来形成对客观事物的认识和解决实际问题的方案，实现自我反馈和学习闭环。

第四，要将教师的"教"辅助学生的"学"，体现为"理解"而教，而非简单地"传递"。

第五，要认识到教学设计是一个系统，涉及多个子系统设计，其中包括教学目标设计、教学情境设计、信息资源设计、自主学习设计、协作学习环境设计、学习效果评价设计、强化练习设计等。

　　总之，如果教师秉承"以学生为本"的理念在教学设计上多下功夫，那么，学生在学习上就会更加顺利；相反，如果教师忽视教学设计，或者丢掉了学生去设计教学，那么，学生的学习就会更加困难。教师要从以教为主，转向以学为主，参见"链接1-8"。

链接 1-8　从以教为主转向以学为主❶

　　育人方式变革是当前基础教育改革的一个焦点和重点问题。育人方式变革集中体现在从知识本位走向素养本位、从以教为主转向以学为主、从学科"割裂"走向学科"统整"、从"坐而论道"转向"学科实践"四个方面的变化上。

　　强调学习、倡导学习方式变革一直伴随着新课程改革的推进过程。但是，就整体而言，教的本位意识和讲授中心的课堂还没有从根本上得到改变。从以教为主转向以学为主是育人方式转变最集中、最典型的表现。以学为主具体表现在以下几点：

　　1. 坚持以学生为中心的教学思想。以学生为中心，立足学生、基于学生、依靠学生、为了学生是教学的出发点和归宿点，教材、教师、教学环境、教学设计等一切教学要素和活动都要围绕学生，为学生服务。

　　2. 倡导以学习为主线的教学设计。教学设计和教学组织围绕学生学习的内在规律展开，从问题到思考、从知之浅到知之深、从感性认识到理性认识，使教学过程真正成为学生的学习过程，成为学生的认识和思维不断提升的过程。

　　3. 实施以学习为中心的教学活动。学习活动才是课堂的实质性、主体性活动。从以教为主转向以学为主实际上就是从"讲授中心课堂"转向"学习中心课堂"，让学习活动占据课堂的主要时空，让学生的学习在课堂里真实、深刻、完整地发生。

---

❶ 余文森. 育人方式变革的四个体现. 基础教育课程，2021，(Z1)：19.

第二章

"以学生为本"的教学设计：
小学道德与法治

案例 1

小学三年级新授课:《走近我们的老师》

基本教学信息

学科: 道德与法治	课名:《走近我们的老师》	年级: 三年级
学生人数: 36	课型: ☑新授课 □复习课 ☑单科课 □跨科课	

◆ 《义务教育道德与法治课程标准（2022 年版）》内容摘录

"以社会发展和学生生活为基础，构建综合性课程。道德与法治课程立足于发展学生核心素养……坚持学科逻辑与生活逻辑相统一，主题学习与学生生活相结合……以学生的真实生活为基础，增强内容的针对性和现实性，突出问题导向，正视关注度高、涉及面广的问题，引导学生发现问题、分析问题、解决问题，提升道德理解力和判断力，强化规则、纪律、秩序、诚信、团结合作、冲突解决等教育。"

◆ 教学设计

一、课标要求分析

本节课以《义务教育道德与法治课程标准（2022 年版）》为指南，在课程理念上，本着学科逻辑与生活逻辑相统一的原则，将"走近我们的老师"主题内容与三年级学生校园真实生活紧密结合起来，以解决情绪调控和师生沟通问题为导向，引导学生发现问题、分析问题、解决问题，提升道德理解力和判断力。在教学实施上，采取问题分析、角色扮演、情境体验、模拟活动等多种方式，引导学生参与体验，促进知行合一，积极探索如何"以学生为本"转变课堂教学方式，提高道法课堂学习质量。

二、学习内容分析

以学校生活为主题的内容在教材的各个年级都有所体现。本课是《道德与法治》三年级上册第二单元《我们的学校》中的第 2 课《走近我们的老师》。主要关注的是引导和培养师生间相互信任、真挚的情感关系；帮助学生了解教师工作的辛苦，体会教师对学生的爱。本课由两个板块组成，第一个板块是"我和老师的故事"，该板块重点从师生交往的故事入手，唤醒和激发学生对教师的感情；第二个板块是"老师，您辛苦了"，该板块从理性分析入手，帮助学生体会教师工作的辛苦，珍惜老师的劳动，走近教师内心世界，学会尊敬师长。

课程标准要求道德与法治课从五个方面落实和发展学生的核心素养，即：政治认同、道德修养、法治观念、健全人格、责任意识。"孝敬父母，尊敬师长，体会父母的养育之恩和师长的辛劳"是 3～4 年级（第二学段）道德修养培养的重要内容。本节课是《走近我们的老师》的第一课时。

三、学生情况分析

校园是学生重要活动场所，学校生活是学生生活的重要组成部分。学生在校园里不仅获得学业的提升，更要学会与人交往，培养主人翁意识和责任感。在校园中，学生对老师有天然的尊敬与热爱，但对老师的工作感受往往是笼统的，对老师的一些做法并不理解，要让学生懂得尊敬师长，体会师长的辛劳，当然师生之间产生矛盾或误会也需要教师的引导和教育。

3～4 年级是从小学低年级向高年级的过渡期，本学段学生已经适应了学校生活，具备一定的独立意识。教师在学生中的权威性比较高，学生对教师既依赖又敬畏。

课前，教师要求学生用绘画、文字等形式描述发生在自己与老师间的故事。同时还对近 160 名学生进行了问卷调研。调研发现，学生对教师工作的了解呈模糊化和碎片化特点。有 80％的学生愿意讲述自己与老师的故事，而且观察细致，能从各个方面感受到老师的不同特点——亲切、和蔼、关爱、细心、负责任、辛苦等。

通过对学生的个别访谈，了解到个别学生与老师平时交往中发生过被误会的情况，比如：课间有的学生在楼道大声喧哗，老师误以为是站在楼道里看电视的学生在大声说话，被误会的同学感到十分委屈，但又不知道怎么做，也不会和老师说明情况。也有40%的学生表示与老师相处过程中没有小矛盾。

四、学习目标

（1）回忆与老师相处的故事，体会老师对学生的关爱。

（2）了解老师工作的辛苦，尊重和感谢老师付出的劳动。

（3）理解老师，体谅老师，学会与老师沟通。

五、学习重点

（1）回忆与老师相处的故事，具体体会老师对学生的关爱。

（2）引导学生在与老师相处时，遇到问题要学会独立分析和判断，理解老师的良苦用心。

六、学习难点

（1）让学生了解教师为其成长付出了辛勤的劳动，从而理解和尊重、体谅和关心老师，进而在师生交往中建立起民主和平等的意识。

（2）引导学生理解老师也会有疏忽大意的时候，当出现了师生矛盾时，学会与老师沟通，理解老师的良苦用心，从而学会用适当的方式表达自己。

七、设计思路

第一、准确把握课改和教改方向。《义务教育道德与法治课程标准（2022年版）》指出，要以学生的真实生活为基础，增强内容的针对性和现实性。教师可以将学习主题内容与学生真实校园生活紧密结合。要想引导学生感受教师的辛苦付出，提炼教师对学生的关爱以及学生对教师的信任之情，必须从学生的身边小事入手，仔细筛选，选择那些学生暂时不理解但包含老师良苦用心的行为，不能脱离真实生活而空谈，使每个学生有话可说，有话想说。

第二，充分调研和预判学情。学校生活为主题的内容在教材的各个年级都有体现，但是具体到每一所学校、每一个班级又都是千人千面，因此教师需要在对单元整体解读的基础上，将学生原有的知识经验、认知水平、行为习惯作为教学起点，有针对性地从整体上进行创造性的内容选择和活动设计。

第三，积极地探索"以学生为本"的高效课堂。学生是课堂的主体和主要参与者，在课堂教学中教师要思考如何体现学生的主体性，创造性地开展课堂教学实践。在处理本课难点时，教师可以采用角色扮演的方式，将学生置身于情境中去思考、体会，理解老师的良苦用心，完成自我思考和表达，从而获得情感体验。

八、教学过程

教学环节及时间	学习活动工具	学习目标	教学事件	教学策略与过程	评估反馈
导入启动 3分钟	照片墙	1. 回忆上节课的学习内容；2. 明确本节课学习内容并快速进入主题	1. 快速调动学生的思维及积极性；2. 激发学生认识老师、了解老师的意愿	1. 出示校园、老师照片 师：快来找一找你们熟悉的老师（板书课题）2. 过渡 师：那问题来了，我们用什么方法走近我们的老师呢？	学生积极性高，快速导入学习主题
呈现展开 15分钟	画说我师	1. 回忆自己遇到过的老师，激发师生之情；2. 为后期学会处理和教师之间的小矛盾、小误会奠定感情基础	1. 通过学生的展示，体现老师对学生的关爱；2. 激发学生感恩老师、理解老师，并勇于表达出来	1. 同学们用绘画、文字的形式记录自己与老师间的故事；2. 小组交流、全班展示	学生们看到了老师不同的工作侧面，情感自然流露，表达对老师的感谢
练习指导 17分钟	情境剧场	1. 引导学生接受不完美的老师，学会和老师沟通；	1. 引导学生按照"感受—想法—表达"的顺序进行学习，让学生对老师的行为产生新认识，进而理解老师；	1. 老师设置表演情境：学校艺术节展演，比赛开始了，三（5）班参赛的学生迟到了，被评委老师批评不遵守时间，丽丽觉得一边是班主任让写完作业再出来，一边是评委老师说自己不守时，十分冤枉，她没有和老师说什么，但一天的心情都很低落。	

教学环节 及时间	学习活动 工具	学习目标	教学事件	教学策略与过程	评估反馈
练习指导 17分钟	情境 剧场	2. 出现了师生矛盾，学习如何与师长沟通，用适当的方式表达自己	2. 对学生的情绪感受进行适宜的处理，认同学生的委屈、生气、伤心等情绪，引导学生自我调节，思考如何更好地解决问题	小组讨论：如果你遇到这个小烦恼，该怎么办？ 2. 4人一组，通过表演的形式，让学生帮助丽丽解决烦恼。表演结束后采访表演的同学，说一说内心的感受，谈一谈自己作为老师（学生）为什么要这么表演，表达内心什么想法	学生参与度非常高，在讨论中，学生发现自己在不理解老师的行为时，也能体会到老师对学生的关爱之情，师生间要相互尊重，沟通是非常有效的方式
结束收尾 5分钟	知心 信箱	体验用学习到的处理问题的方法，解决生活中的问题	让学生再一次回到真实的案例中，讨论和明晰遇到不理解老师的做法和被误会时应采取的正确解决方法	1. 将学生校园生活中遇到的与老师交往的真实问题进行收集，放在"神秘信箱"中； 2. 请学生随机抽取"小烦恼"便笺，说说如果遇到这样的小烦恼，应该怎么办？	学生参与度高。不脱离学生生活，学生既感到亲切，又有帮助别人的自豪感
	无	在行动上学会为老师分忧减负	做总结，通过对《教师法》的学习，引出社会对老师这个职业的认可	1. 师：今天我们走近了这么多可亲可敬的老师们，那我们可以做些什么，既可以减轻老师的负担，自己又可以成长进步呢？ 2. 学生结合自己的实际校园生活，可以做到认真听讲、完成作业、自己管理好自己、送上温馨问候等方式表达对老师的感谢	学生能够懂得感恩老师的付出，可以从我做起

九、学习活动工具

工具1 画说我师

1. 工具含义

"画说我师"是一个学生课内、课外结合开展的教学活动工具。学生通过自己擅长的方式，如绘画、写作等，针对同一话题表达自己的内心感受或情感。

2. 工具用途

在"画说我师"工具使用中，学生用自己喜欢的方式去表达自己与老师间的故事，通过小组交流、全班交流，体会老师对学生的关爱。激发学生感恩老师、理解老师，并勇于表达出来。

3. 工具样例展示与微课活动案例

图 2-1 展示了部分学生的课前作业样例；图 2-2 展示了学生课堂上展示作业的情景。

"画说我师"微课
活动案例

图 2-1　学生课前作业：我与老师的故事　　图 2-2　学生课堂上展示作业

4. 工具运用流程

（1）课前教师给学生布置活动任务：同学们用图画、文字的形式记录自己与老师间的故事，通过认真观察老师一日生活、采访老师等活动写下"我眼中的老师"。

（2）学生将自己的作品在小组内进行交流。

（3）学生将自己的作品进行全班展示，讲述自己与老师的故事。

（4）教师进行梳理汇总。

5. 工具应用效果反思

本课主题为"走近我们的老师"，"画说我师"活动工具的使用让学生们看到了老师不同的工作侧面，通过活动学生情感自然流露，表达对老师的感谢，回忆自己遇到过的老师，激发师生之情，为后期学会处理和教师之间的小矛盾、小误会奠定感情基础。

6. 工具适用范围与建议

年级	学科	人数	课型	教学环节
□高	☑语文	☑2人小组	☑新授课	□导入启动
□中	☑数学	☑4人小组	□复习课	☑呈现展开
□低	☑英语	□6人小组	☑活动课	☑练习指导
☑全部	☑其他	□全班	□其他	□复习总结
				□评估反馈

"画说我师"活动工具的使用不限年级、学科。教师可将此工具理解为"画说×××"，根据班级情况进行分组，采取不同的话题进行工具的使用，如"画说同桌""画说校园""画说我的家庭"均可。只要有一个统一的话题就可以开展。

工具2 情境剧场

1. 工具含义

"情境剧场"是教师课堂上比较常用的教学活动工具。教师为学生设计一个表演情景，学生通过自己对人物语言、肢体的设计，再现主题情境。

2. 工具用途

让学生在表演的过程中体会情境中所扮演人物的心理活动及情感体验，展现情境中的故事情节，引发学生对情境中事件的深度思考。

3. 工具样例展示与微课活动案例

图2-3为小组研讨和设计情景剧内容时的场景；图2-4为分组表演与观摩情景剧的场景。

"情境剧场"微课活动案例

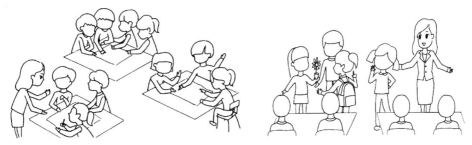

图 2-3　小组研讨和设计情景剧内容　　　　图 2-4　情景剧分组表演与观摩

4. 工具运用流程（图 2-5）

（1）教师设计情境表演中的故事情景。

（2）4 人一组进行角色讨论及分工后，练习表演。

（3）请一组同学台前表演。

（4）表演结束，通过教师的采访，让学生表达情境中扮演人物的内心活动和情感体验。

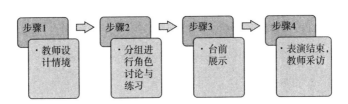

图 2-5　"情境剧场"运用流程图

5. 工具应用效果反思

　　教师根据授课内容或主题设计"情境剧场"，学生在讨论过程中就会对情境中的人物表现进行思考，通过表演的形式展现出来。教师用现场采访的形式，是对情境的再次呈现，让学生谈自己内心感受的同时，完成一次情感的升华。比如：本次工具使用过程中，扮演"老师"的学生谈到，看到"学生"参赛迟到了，心情非常着急；当感觉"学生"没有尊重自己时内心的失望与伤心，通过这样的交流学生能够充分表达自己的情感，体验师生沟通中相互尊重的重要性，进而能够理解老师的良苦用心，理解老师对学生的爱。

6. 工具适用范围与建议

年级	学科	人数	课型	教学环节
☐高	☑语文	☐2人小组	☑新授课	☐导入启动
☐中	☐数学	☑4人小组	☐复习课	☑呈现展开
☐低	☑英语	☐6人小组	☑活动课	☐练习指导
☑全部	☑其他	☐全班	☐其他	☐复习总结
				☐评估反馈

　　"情境剧场"活动工具的使用不限年级，更适用于语文、英语、道德与法治等学科。这种小组表演的形式可以让每一位学生都参与进来，体验情境中每一个人物要表达的情感和心理活动。

工具3 知心信箱

1. 工具含义

　　"知心信箱"也是比较常用的一个教学活动工具。教师将教学中可抽取的素材放在"信箱"中，给学生营造了神秘的学习氛围，激发学生参与的积极性。

2. 工具用途

　　"信箱"工具的不可见以及抽取的随机性，容易增加活动的不定性，激发学生的学习兴趣和参与度。

3. 工具样例展示与微课活动案例

　　教师课前准备一个空盒即可，材料不限。课上学生随机抽取"信箱"中教师准备的主题内容，并作答。

"知心信箱"
微课活动案例

4. 工具运用流程（图2-6）

（1）教师课前准备一个空盒即可，材料不限。

（2）教师课前根据授课内容搜集素材，放入"信箱"。

（3）课上教师根据授课环节，安排学生抽取"信箱"中的内容，并根据内容作答。

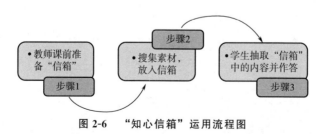

图2-6　"知心信箱"运用流程图

5.工具应用效果反思

结合本节课的主题内容，课前教师将学生校园生活中遇到的与教师交往的真实问题进行收集，放至神秘"信箱"中，请学生随机抽取"小烦恼"便笺，说说如果遇到这样的小烦恼，自己应该怎么办。教师"信箱"里的案例都是学生真实的案例，不脱离学生生活，学生既感到亲切，又有帮助别人的自豪感。同时让学生再一次回到真实的案例中，讨论和明晰遇到不理解老师的做法和被误会时要学会思考，体会教师的良苦用心，并应采取的正确解决方法。

6.工具适用范围与建议

年级	学科	人数	课型	教学环节
□高	☑语文	□2 人小组	☑新授课	□导入启动
□中	☑数学	□4 人小组	☑复习课	☑呈现展开
□低	☑英语	□6 人小组	☑活动课	☑练习指导
☑全部	☑其他	☑全班	□其他	☑复习总结
				□评估反馈

"信箱"工具的使用不限年级和学科，范围比较广泛。

十、板书设计

◆ 教学反思：优化生活化学习体验，创建有温度的课堂

小学道德与法治作为一门与时代和生活密切联系的课程，承担着对小学生良

好道德品质和正确的世界观、人生观、价值观的培育和引导的重任，学生解决问题的方式、技能、价值判断的能力、对道德原则的领悟，都可以在课堂活动中形成。这就决定了课堂活动不能是简单的某项技能的展示，而是一种综合性的实践智慧的获得。

学生在学习道德与法治课程中的知识时，可能无法将一些知识理论与自身的实际生活结合起来，进而出现了经验层面的缺失，导致自身无法获得有效的学习体验。比如《走近我们的老师》一课，在课前调研中，我们了解到大部分孩子与老师接触过程中很少发生矛盾和误会，少部分学生出现过不理解老师的行为。师生关系是学生生活中的重要关系，对学生的成长具有重要意义。在学生心目中，教师通常都是正确的、公正的。随着学生的成长，他们也逐渐有自己的判断，对他人的评价变得更加独立、客观。如何引导和培养师生间相互信任的情感关系，让学生了解教师工作的辛苦，体会教师对学生的爱就是本节课的教学重要目标。教师可通过生活化的教学方式，将这节课的重点内容或者一些可拓展的内容加入到具体的生活化场景中，遵循学生成长规律，充分考虑学生的生活经验，创设多样化的学习情境，引导学生开展自主、合作的体验活动，帮助学生形成正确的价值观，提升解决问题的能力。

本节课教师采用了多个教学活动工具，都是基于学生生活实际，创设生活化的教学情境，优化学生的学习体验，增强道德与法治教育的实效性、生动性、新颖性，让道德与法治课成为有现实关怀和人文温度的课堂。

1. 角色扮演，将教师价值引导和学生主体建构相统一

在本课中教师采用的活动工具——"情境剧场"，是老师们教学中使用频率比较高的教学工具。教师选取了一个来自学生校园生活的真实案例，即学生面临两个老师对同一事件提出了不同的要求，这也是学生们常会遇到的事件。老师通过"情境剧场"的工具带领学生通过"讨论—表演—采访"的环节，完成了学生自我教育的过程。角色扮演突出了学生主体地位，让学生通过创设的生活化学习情境，去感受在整个事件中教师和学生可能发生的心理活动和情感体验。接下来，教师用采访的方式询问学生：作为老师（学生）你为什么这样表现？让学生再次回归到事件中去，置身于情境中去思、去想，再次体验和感受角色的心理活动，真正理解为什么对于同一件事件老师会有不同的要求。学生看到老师的良苦用心，在活动中体会老师对学生的关爱，充分体现了教师的价值引导，为搭建和谐的师生关系打下基础。在这个活动过程中，老师没有直接告诉学生当遇到问题，要如何和老师沟通，而是让学生充分表达自己的情感，体验师生沟通中相互尊重的重要性，帮助学生形成正确的价值观。

2. 以学生生活为基础开展活动设计

在本节课的结束环节中，教师采用了"知心信箱"的活动工具，很好地落实了新课标的要求，《义务教育道德与法治课程标准（2022年版）》指出，要丰富学生实践体验，促进知行合一，要充分考虑学生的生活经验，将学科逻辑与生活逻辑相统一。"知心信箱"是本节课的最后一个教学活动工具，通过前面的学习，学生能够在师生间出现小误会时，在不理解老师的行为时，学会从理解老师良苦用心的角度出发独立思考和判断问题，体会老师对学生的关爱。这个环节中教师用身边真实的小案例来让学生进行辨析，这样的小案例都是来自课前调研访谈中学生的校园生活，学生既不会觉得"假""空"，也不会认为在反复回答类似的问题，参与度非常高，这一过程不仅对前面的学习进行了很好的检验，同时也引导学生分析问题、解决问题，提升学生的道德判断力。

教师在教学过程中结合学生的实际情况，将生活化的教学方法应用到实际教学中，不仅能够丰富生活化教学的内容，而且能够使生活化教学的形式更加多元化，让学生通过学习分享学习体验、分享生活经验，在不断分享和交流中收获更有用的知识，培养学生良好的学习习惯，并为其后续的学习和生活提供更为有效的学习途径，为其后续的成长和发展打下坚实的基础。

3. 探索启发引导与说理教育相结合

上好道德与法治课，关键在教师。学生形成的道德规范都不是自发生成的，需要教师不断地给予引导，必须发挥教师课堂教学的主导作用。这节课就体现了这一点，在"情境剧场"这个活动工具使用过程中，教师抛给学生们一个真实的情境，让学生重现当时的场景，在重现的活动中学生对于教师的心理活动和情感有了初步的感悟。教师没有止步于此，抓住"采访"这一环节，充分发挥了教师的主导作用，进一步引导学生说一说自己为什么这样展现人物语言，启发学生主动思考，领悟理解，从事件中找寻教师的爱，学生自然而然地表达出师生沟通中相互尊重的重要性。课堂上教师并没有生硬地向学生强调要"尊师"，而是让学生通过扮演教师时"体验—思考—表达"的过程，心悦诚服地接受教师给出的价值导向，将说理教育与启发引导有机结合。

◆ 专家点评

新时代的思政在整个教育体系中有着非常重要的地位。它直接关系到培养什么人和为谁培养人的问题。因此，新一轮的课标修订强调"思政课是落实立德树人根本任务的关键课程"。道德与法治课程是义务教育阶段的思政课，它具有政治性、思想性和综合性、实践性。

《走近我们的老师》这节课紧扣道德与法治课程的政治性、思想性、综合性和实践性，准确把握了这节课的方向和特征。周老师还特别重视学情调研。她采用问卷调研和个别访谈等调研技术掌握了三年级小学生的具体学情。正是基于对学生真实生活的了解，她的设计才能做到以学生的真实生活为基础，内容非常有针对性和现实性。

在具体实施过程中，教师遵循道德修养形成规律，坚持教师主导和学生主体相统一，聚焦生活化，精心设计了活动工具"画说我师"（课前）、"情境剧场"（课中）和"知心信箱"（课后）。三个活动工具都突出了学生的主体地位，充分考虑了学生的生活经验，通过多样化的学习情境，引导学生在自主、开放、合作的探究和体验活动中，认识到教师的职业特点，体会到教师的用心良苦，培育了学生对师长的尊敬之情，实现了涵养学生的道德品格，以及学会做事、学会做人的目标追求。

总之，这节课理念先进、清晰，聚焦生活化，突出了实践性，把发展学生的道德修养落实到"尊敬师长"这一个点上，教学目标具体可操作，活动组织系统有趣味，学生主体参与有效率。

（课例指导与点评专家：王永红副教授　北京教育学院）

第三章

"以学生为本"的教学设计：
小学数学

案例 2

小学五年级新授课:《鸡兔同笼》

基本教学信息

学科:数学	课名:《鸡兔同笼》	年级:五年级
学生人数:37	课型:☑新授课 □复习课 ☑单科课 □跨科课	

◆ **《义务教育数学课程标准(2022 年版)》内容摘录**

"推理意识主要是指对逻辑推理过程及其意义的初步感悟。知道可以从一些事实和命题出发,依据规则推出其他命题或结论;能够通过简单的归纳或类比,猜想或发现一些初步的结论;通过法则运用,体验数学从一般到特殊的论证过程;对自己及他人的问题解决过程给出合理解释。推理意识有助于养成讲道理、有条理的思维习惯,增强交流能力,是形成推理能力的经验基础。"

◆ **教学设计**

一、课标要求分析

《义务教育数学课程标准(2022 年版)》中指出:"几何直观主要是指运用图表描述和分析问题的意识与习惯。重视学生已有的经验,建立形与数的联系,构建数学问题的直观模型;利用图表分析实际情境与数学问题,探索解决问题的思路"。"数学百花园"重在向学生渗透一些数学思想方法，并初步培养学生有序地、全面地思考问题的意识，发展学生的推理能力。学生要能根据数量关系的分析，通过几何直观尝试解决简单问题，并在运用数学知识和方法解决问题的过程中感受数学的价值。鼓励学生在合作交流的学习过程中，学会讲道理、有条理地表达，积累解决问题的经验，掌握解决问题的方法，把所学的数学知识应用到生活中去。逐步发展学生的数学眼光、数学思维、数学语言，落实数学核心素养。

二、学习内容分析

本节课选自北京版小学数学五年级上册"数学百花园"。"鸡兔同笼"是我国民间广为流传的数学趣题，最早出现在古代数学名著《孙子算经》中。鸡兔同笼问题是在学生学习了整数、小数实际问题以及方程的基础上进行教学，安排这一教学内容的主要目的是让学生了解鸡兔同笼这一类趣味数学题，通过画图、列表等探究方法发现规律，积累经验，发展推理意识。

三、学生情况分析

本班多数学生对数学学习有一定的兴趣，能够积极参与研究，但在合作交流意识方面发展不够均衡，少数学生的主动性不够强，需要通过营造一定的学习氛围来加以带动。"鸡兔同笼"问题思维难度大，学生难以理解，但是学生在三年级已经初步尝试了应用逐一列表法解决一些问题，在学习方程的时候也接触过相同类型的问题，还有一些学生在课外书中已经学习了相关的内容。因此，教学这一内容时，学生的程度会参差不齐，教师引导学生根据自己的经验，逐步探索不同的方法，找到解决问题的策略，并在合作交流学习过程中，积累解决问题的经验。

四、学习目标

（1）通过画图、列表、方程等方法解决简单的"鸡兔同笼"问题，初步学会用尝试的方法解决问题，感悟假设的数学思想。

（2）经历用尝试的方法解决"鸡兔同笼"问题的过程，发现规律，学会简单推理，积累探究解决问题的经验，发展问题解决能力。

（3）在解决问题过程中感受古代数学问题的趣味与意义，激发学生探索兴趣。

五、学习重点

体会尝试法解决"鸡兔同笼"问题的过程。

【分析】在本节课中让学生用画图法和列表法尝试解决问题，体会用尝试法解决问题的一般性。根据以上情况结合本班学生特点确定了本课的重点是：用画图法和列表法尝试解决"鸡兔同笼"问题。

六、学习难点

理解尝试法解决问题的价值和意义，感悟数学思想。

【分析】尝试法的价值和意义对于大部分学生来说都是比较难以理解的。采用列表法、画图法，数形结合地引导学生根据图较为完整、准确地说明道理，学会思考，学会推理，让学生更加直观地感受尝试法的价值和意义，感悟假设的数学思想。

七、设计思路

本课结合"以学生为本"的教学理念，从导入启动、呈现展开、练习指导、结束收尾四个教学环节设计教学方案。

首先通过"讲绘本故事"导入启动。本课是北京版小学数学五年级上册"数学百花园"内的一课，不同版本的教材出示例题的方式不同，一类教材是直接出示《孙子算经》中的原题，数字比较大；另一类教材是直接以对话框的形式出现，数字比较小。在中华传统文化的基础上，生动有趣的数学问题情境，能让学生愉快地探索数学，享受数学带来的乐趣。基于这一点，本节课通过"讲绘本故事"，把传统的数学故事与现有的绘本故事相结合来引入。通过创设现实情境，让学生投入到解决问题的实践活动中去，自己去研究、探索、经历数学学习的全过程，从而体会到假设的数学思想与解决数学问题的关系。

接着运用"大使出游"活动引导学生进入呈现展开环节。由于学生原有认知背景存在较大的差异，在教学的过程中，不能提出统一的要求，要允许不同的学生采用不同的解题方法。为了突破重点，在呈现展开环节运用"大使出游"这个活动工具引导学生在自主探究的过程中呈现出列表法和画图法的解题策略，让学生通过尝试的方法解决问题。由于学生对于发现并理解假设思想有一定的困难，因此，引导学生使用"大使出游"的方法充实本组的解题方法，实现不同方法的自由传递和交流，得出解决此类问题的一般方法——尝试法，感悟假设思想，从而有效突破了这个难点。

然后再让学生用探究出的方法解决《孙子算经》中的原题，引导学生进一步体验数学思想和方法的应用价值。

最后在结束收尾环节应用"头脑风暴"活动，促进学生们再一次体会数学与生活实际的联系。

八、教学过程

教学环节及时间	学习活动工具	学习目标	教学事件	教学策略与过程	评估反馈
导入启动 5分钟	讲绘本故事	学生初步体会化繁为简的思想	激发动机和兴趣，获得注意力	1. 听绘本故事；2. 从绘本故事中找到数学问题	观察学生对当前学习任务的好奇心、挑战欲、自主性
呈现展开 20分钟	学习单 大使出游 通力合作	用列表、画图的方法尝试解决问题，沟通不同思路和方法之间的联系	1. 获得注意力；2. 指导学习策略；3. 提供反馈；4. 做小结	1. 出示例题，提取信息；2. 讨论解决方法；3. 小组内通过列表、画图等方法解决问题。教师适时地指导；4. 大使出游，补充解决方法；5. 推选学生优秀作品；6. 学生汇报，教师指导总结	1. 教师巡视，给予指导；2. 推选优秀作品，了解学生解题思路和方法；3. 通过学生汇报了解学生是否找到不同的解题方法；4. 对学生提炼的方法进行归纳和总结。必要时给予点拨
练习指导 10分钟	互动大使巡游	进一步体会"鸡兔同笼"问题在日常生活中的应用	1. 促进迁移与应用；2. 指导学习策略	1. 出示练习1——《孙子算经》原题；2. 尝试列表方法完成练习1；3. 互动大使在互动区域进行巡游；4. 完成练习2	1. 巡视指导；2. 发现问题；3. 针对指导

教学环节及时间	学习活动工具	学习目标	教学事件	教学策略与过程	评估反馈
结束收尾 5分钟	头脑风暴	再一次体会数学与生活实际的联系	1. 做小结； 2. 再次激励	1. 交流学习的收获； 2. 回顾学习内容，总结	观察学生回答问题的积极性，进一步了解学生对于本节课知识的掌握情况，引导学生将所学知识与生活实际联系

九、学习活动工具

工具 **大使出游**

1. 工具含义

"大使出游"学习活动工具是一种在线下个体与集体、个体与个体之间的交流方式，它营造了一个开放式的学习环境，让参与者针对特定的问题展开对话。

2. 工具用途

"大使出游"激发了学生学习兴趣。教师运用"大使出游"活动工具容易让学生在课堂中动起来，给学生充分的思考空间，有效地化解了学生胆怯的心理。让学生切实具备获取信息、传输信息、处理信息和应用信息的能力。

3. 工具样例展示与微课活动案例

学生以 4 人为一组，在组内针对特定问题进行讨论并得出小组内的答案，再由每组派一名同学充当"大使"进行有序地"出游"，补充自己小组内的结论的不足，最后，把方案带回本组进行学习与讨论（图 3-1）。

"大使出游"微课活动案例

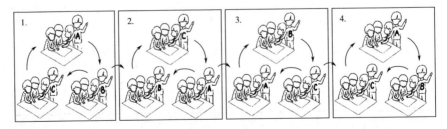

图 3-1 组内讨论和"大使出游"

4. 工具运用流程（图 3-2）

（1）4 人一组组建小组，确认 1 人为组长，负责组织小组讨论。

（2）教师发放给学生学习单，提出一个讨论话题，学生开展独立学习，在学习单上写下自己的观点，如解决问题的方法。

（3）小组讨论，参与者在组内进行充分表达，然后，本组汇集解决问题的方法。

（4）最后由每个小组委派一人充当"大使"去其他小组"出游"，介绍和展示本组观点，收集其他小组的补充意见。

（5）大使带着巡游收获回到本组，再进一步与本组成员完善小组观点。

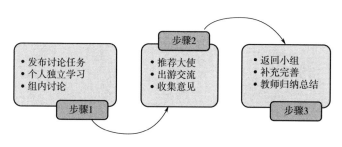

图 3-2　"大使出游"运用流程图

5. 工具应用效果反思

"大使出游"活动工具的使用不限年级、学科，各教学环节均可使用。教师可根据班级情况进行分组，采取不同范围的"大使出游"。本节课在呈现展开与练习指导两个环节中通过使用"大使出游"工具，使学生在学习的过程中很自然地找到了不同的解题方法，学生学得轻松，教师教得愉快，取得了很好的效果。

6. 工具适用范围与建议

年级	学科	人数	课型	教学环节
□高	☑语文	☑2 人小组	☑新授课	□导入启动
□中	☑数学	☑4 人小组	☑复习课	☑呈现展开
□低	□英语	☑6 人小组	☑活动课	☑练习指导
☑全部	☑其他	□全班	□其他	□复习总结
				□评估反馈

"大使出游"活动工具的使用，教师可根据学情设计难易程度不同的问题，在呈现展开和练习指导环节开展活动，能够使学生有效地理解相关内容。如在数

学学科，可以将问题抛给学生，在呈现展开或练习指导环节开展活动，让学生在小伙伴的帮助与陪伴下完成不同思路的解题方法。

十、板书设计

◆ **教学反思：基于数形结合的理念优化数学学习活动的教学策略**

数学是研究数量关系及空间形式的学科，所有数学问题都能被概括为两个：数和形。把数学里面的数量关系与几何直观相关联，从而实现轻松理解题意与解答问题即数形结合。数学研究不管是数量关系还是空间形式对小学生来说都是比较抽象的。而数形结合能使复杂的数量关系直观化，抽象的空间形式具体化，因而，数形结合不但能使抽象的数学知识变得易于理解，而且能促进学生思维的发展。通过数与形的相互转化来解决数学问题，构建数学的直观模型，利用图表分析实际情境与数学问题，探索解决问题的路径。

1. **创新使用工具，注重数形结合，提高学生参与性**

有效的数学教学活动是教师教与学生学的统一，应重视学生在学习活动中的主体地位，让学生在自己思考的基础上获得分析问题和解决问题的一些根本方法，促进学生学习的全面开展。本节课结合"以学生为本"的教学理念，借助"大使出游"活动工具，以"鸡兔同笼"这个问题为载体，形成个体与集体、个体与个体的交流方式，营造了一种开放的环境，让参与者针对一个话题展开与不同人的对话，改变了传统教学中的一人讲多人听的情况，推动了研究性学习和个性化发展的教学方式，采用列表、画图法，数形结合地引导学生根据图较为完整、准确地说明道理，学会思考，学会推理，让学生更加直观地感受尝试法的价值和意义，感悟多种方法之间的内在联系，揭示其本质上都是"假设—比较—调换"的思维方式。利用假设的数学思想，引导学生对一些日常生活中的现象的观察与思考，从而发现一些特殊的规律，体会解决问题的一般策略以及多样性。

在呈现展开环节设计了根据学生已有的学习经验与方法来解决这个问题。任务一是在学习单上通过列表或画图尝试解决问题；任务二是在小组内讨论总结解决方法；任务三是"大使出游"，补充小组内的方法，说清楚自己是怎样想的。完成以上任务的学生再一次观察解决问题的方法，寻找其相同点，指导学习者学会学习，为有效学习而有目的地制订信息获得、存储、检索和应用的学习方案。不管哪种方法都是先假设然后根据腿数多少进行调整，得到相应的鸡和兔子的只数。

此处应用了"以学生为本"中的"鼓励学生独立思考""组织学生积极参与学习过程""鼓励学生提出自己的想法""培养问题解决的能力"原则，让每位学生都积极思考，都能够参与到学习活动中来。

"以学生为本"的教学理念正是强调学生是学习的主人，在学习过程中尽可能多地为学生提供探索和交流的空间，鼓励学生自主探索，学会与他人合作交流。

在本节课中，由于学生原有认知水平的不同，在使用列表法、画图法解决问题时存在较大的差异。学生在经历逐一尝试的过程中，会发现这种方法比较笨拙，于是引发思考：能不能有更巧妙的方法呢？在学生的需求中产生了不同的方法解决问题，学生的能力有了提升。同时利用"大使出游"的学习活动工具，让学生经历研究、探索、交流的全过程，体会到了假设的数学思想的应用与解决数学问题的关系。促进了学生数学模型的建立，提升了学生解决实际问题的能力。在这个过程中，学生能够积极地思考、积极地合作、积极地探讨，充分地发挥了小组的作用。大部分学生学会了用列表法、画图法等解决问题，同时渗透了假设的思想和方法。这些对于学生而言，无疑奠定了可持续发展的坚实基础。

2. 体会化繁为简，建立模型，感受应用广泛性

《义务教育数学课程标准（2022年版）》中指出关注数学学科发展前沿与数学文化，继承和弘扬中华优秀传统文化。本课中教师最后出示《孙子算经》中的

"鸡兔同笼"原题，提问："你们能利用我们刚才的学习经验解决古人的这个问题吗?"最后追问："其实，生活中还有很多类似的问题，让我们用'数学的眼睛'找一找生活中的鸡兔同笼问题。"在此环节激励学生利用所学知识解决生活中的问题，教师充当学习的促进者，而不是知识的呈现者。用容易探究的小数量替代《孙子算经》原题中的大数量的"替换法"解决问题，化繁为简，最后再让学生用探究出的方法解决《孙子算经》中的原题，使学生进一步体会化繁为简思想的价值。教学中，教师把"数学文化"和《孙子算经》中关于鸡兔同笼问题的原题，用课件科学而生动地再现于课堂，极大地激发和调动了学生的探究兴趣，充分地传承和弘扬了经典的数学文化，较好地体现和提升了课堂的教学品位，也让"数学味"萦绕课堂，贯穿课堂始终。配合"鸡兔同笼"问题，在练习指导环节安排了一些类似的习题，让学生进一步体会到这类问题在日常生活中的应用，并巩固用所学的数学方法来解决问题，从而让学生体会到这类问题的"普适性"。

"鸡兔同笼"问题不只是知识的传授，也是在传播一种思维方式和思考方法。

◆ 专家点评

郝秀娟老师的《鸡兔同笼》教学设计，将"以学生为本"的教学理念作为指导思想，借助"大使出游"活动工具，以"鸡兔同笼"这个问题为载体，让学生利用假设的数学思想尝试探索解决问题，从而发现规律，体会尝试法解决问题的一般性以及多种策略，注重发展学生的推理意识，使之获得初步的数学活动经验。在引导学生学习探索中，教师注意调动学生的学习兴趣，通过创设现实情境，启发学生在"讲绘本故事"中发现并提出数学问题，并投入到解决问题的实践活动中。引导学生自己研究、探索、经历数学学习的过程，给予学生参与学习探究的机会，发挥了学生学习的主体作用，本节课的设计体现了"以学生为本"的教学思想，值得分享。

(课例指导与点评专家：吴正宪　北京教育科学研究院)

案例 3

小学五年级复习课：《组合图形面积复习》

基本教学信息

学科：数学	课名：《组合图形面积复习》	年级：五年级
学生人数：32	课型：□新授课 ☑复习课 ☑单科课 □跨科课	

◈ 《义务教育数学课程标准（2022 年版）》内容摘录

"课程内容组织。重点是对内容进行结构化整合，探索发展学生核心素养的路径。重视数学结果的形成过程，处理好过程与结果的关系；重视数学内容的直观表述，处理好直观与抽象的关系；重视学生直接经验的形成，处理好直接经验与间接经验的关系。"

◈ 教学设计

一、课标要求分析

《义务教育数学课程标准（2022 年版）》在教学建议中指出："选择能引发学生思考的教学方式。通过丰富的教学方式，让学生在实践、探究、体验、反思、合作、交流等学习过程中感悟基本思想、积累基本活动经验。重视单元整体教学设计，体现数学知识之间的内在逻辑关系，以及学习内容与核心素养表现的关联。""强化情境设计与问题的提出，激发学生学习动机，促进学生积极探究，让学生经历数学观察、数学思考、数学表达、概括归纳、迁移运用等学习过程。"在评价建议中指出："发挥评价的育人导向作用，坚持以评促学、以评促教。"

基于《义务教育数学课程标准（2022年版）》以上要求，本节课在引导学生综合运用数学知识探索组合图形的面积计算中，以内容结构的整体视角，沟通平行四边形、梯形和三角形知识之间的联系，引导学生感悟平面图形面积计算的本质是一致的，从而实现"从未知向已知的转化"。让学生在学习探索的过程中发展空间观念、推理意识和应用意识。学会独立思考与合作交流，在问题解决过程中积累经验，初步形成评价与反思的意识，落实核心素养。

二、学习内容分析

组合图形面积是北京版小学数学五年级上册第三单元"平行四边形、梯形和三角形"的内容，是基本平面图形面积相关知识整合的重要载体。该单元内容是学生在了解长方形、正方形的特征、掌握了长方形、正方形的面积计算方法后，对平面图形又一次较为全面、系统地认识与学习，也是学生后面学习圆和立体图形表面积的基础。

该部分内容有以下特点：

第一，该内容安排在本单元平行四边形、梯形和三角形的特征及面积的计算之后，是前面基本平面图形相关知识的综合应用，旨在让学生利用已有经验，通过将组合图形转化成基本图形的方法解决问题，并感悟平面图形面积计算的本质就是面积单位的累加。

第二，教材呈现的组合图形比较简单，学生能比较容易地转化成基本图形，并选择相关数据进行面积的计算。为进一步激发学生学习兴趣，本节课设计有梯度的练习题目，让学生在分析组合图形的结构特点和数据选取的过程中，激发出进一步探究的欲望，培养学生的推理能力和空间观念。

第三，该部分内容的呈现缺乏生活情境的创设，学生不能充分感受解决问题的价值。因此，本节课创设"街心花园中的数学问题"这一大的问题情境，让学生在解决生活中的问题过程中提高应用意识，感受数学与生活之间的密切联系。

三、学生情况分析

绝大多数学生已经能比较熟练地利用分割、补全等一般方法将简单的组合图形转化为基本图形，并正确计算出其面积。但是对于一些更复杂、更综合的问题，大部分学生很难充分利用已有知识优化算法，灵活解决，并且对平面图形面积的计算本质缺乏整体认知。

从实际情况来看，班内绝大多数学生愿意积极参与学习过程，自主思考，并能在合作交流中自我反思，查缺补漏。

因此，本节课将尽可能多地把时间、空间留给学生，让学生在独立思考、合作交流中突破难点，提高综合运用已有经验解决问题的能力。老师则在必要时点拨指导。

四、学习目标

(1) 在巩固将简单组合图形转化成基本图形的方法基础上，充分结合组合图形特征、数据特点及已有经验灵活解决稍复杂的组合图形面积问题，感悟平面图形面积计算的本质就是面积单位的累加。

(2) 积极参与数学活动，学会独立思考、交流合作，进一步体会转化的数学思想，初步形成评价与反思的意识，提升推理能力，增强空间观念。

(3) 在问题解决过程中，感受数学与生活的密切联系，提高应用意识。

五、学习重点

进一步巩固将组合图形转化成基本图形的方法，解决组合图形面积的问题。

【分析】通过解决街心花园中的组合图形面积相关问题，使学生全面回顾计算组合图形面积的全过程，进一步体会转化的数学思想。

六、学习难点

充分利用已有经验，灵活解决稍复杂的组合图形面积问题，感悟平面图形面积计算本质就是面积单位的累加。

【分析】面对稍复杂的组合图形面积问题，需要学生充分利用已有经验进行分析解答，从而将所学知识结构化、系统化。而要想充分构建和优化知识网络，还涉及多领域知识的结合，进而通过联系和推理解决问题。因此本节课通过解决有梯度的生活中组合图形面积的问题，感悟面积计算的本质，进一步增强学生分析问题、解决问题的能力。

七、设计思路

《义务教育数学课程标准（2022 年版）》的修订原则中提到："凸显学生主

体地位，关注学生个性化、多样化的学习和发展需求，增强课程适应性。"因此结合复习课的特点，本节课旨在教师整体设计的基础上，让学生充分利用已有的知识经验，在独立思考和合作交流的过程中解决具有挑战性的问题，学会将未知转化为已知，体现学生的个性及满足其多样化需求，从而培养学生的数学核心素养。

八、教学过程

教学环节及时间	学习活动工具	学习目标	教学事件	教学策略与过程	评估反馈
导入启动（2分钟）	图形欣赏	引出课题，激发学习兴趣	获得注意力	展示学生创作作品，激发学生学习兴趣	观察学生状态是否精神集中
呈现展开（5分钟）	滚雪球	复习将组合图形转化成基本图形的一般方法	1. 呈现信息和事例；2. 帮助回忆旧知	1. 出示健身广场铺地砖面积问题；2. 学生组内、组间交流补充，用不同的方法解决问题；3. 小结求组合图形面积的思路和常用方法	了解学生对基本方法的掌握情况
练习指导（25分钟）	问题接力	在情境中灵活解决问题	1. 激发动机和兴趣；2. 组织指导练习；3. 促进迁移与应用	1. 出示问题情境；2. 提供问题接力题目，学生独立、组内解决问题；3. 全班就重点问题和疑难问题进行交流	1. 巡视指导；2. 发现问题；3. 针对解决
结束收尾（8分钟）	溯本求源	回顾问题梳理过程及解决方法	做小结与复习，再次激励结课	1. 归纳、补充求组合图形面积的方法，提升学生对面积计算本质的认识，感悟"从未知转化成已知"的解决问题思路；2. 回顾学习过程，进一步激发学生的应用意识	1. 提示补充；2. 总结提升

九、学习活动工具

工具1 滚雪球

1. 工具含义

"滚雪球"是不同学习者在共同解决同一个问题时互相补充完善的学习活动工具。抛出一个问题或话题后，学生发表自己的看法，互相补充完善，最终解决问题。

2. 工具用途

(1) 培养学生倾听的能力。学生在发表自己的看法时，不能与前面重复，因此需要先听清别人的回答。

(2) 促进学生深入、多角度思考。如何用不同的方法解决问题或将内容补充全面，需要学生深入、全面地思考，这样才能在不重复的前提下，完善问题解决的思路。

3. 工具样例展示与微课活动案例

工具制作说明："滚雪球"中的问题要能用多种方法解决，或是内容比较多，需要通过补充梳理完善。图3-3展示了学生解决问题的几种方法。

"滚雪球"微课
活动案例

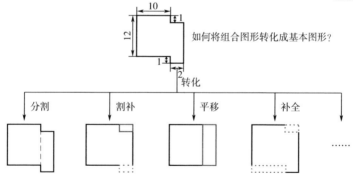

图 3-3 学生解决问题的几种方法

4. 工具运用流程（图3-4）

(1) 教师提出问题或话题。

(2) 一学生（组）先回答，其他学生认真倾听并进行深入思考。

(3) 其他学生（组）补充完善，且不能与前面重复。

图 3-4 　"滚雪球"运用流程图

5. 工具应用效果反思

学生在倾听时注意力更为集中，同时大脑中还要加工相关信息，补充新的内容，直到没有新的想法。促进了学生更加深入、全面地思考，学生思维更加活跃。

6. 工具适用范围与建议

年级	学科	人数	课型	教学环节
☐高	☑语文	☐2 人小组	☑新授课	☐导入启动
☐中	☑数学	☑4 人小组	☑复习课	☑呈现展开
☐低	☑英语	☑6 人小组	☑活动课	☑练习指导
☑全部	☑其他	☑全班	☐其他	☑复习总结
				☐评估反馈

"滚雪球"活动工具适用于各个年级，不限学科，主要在解决有多种方法的问题或是知识梳理时使用。活动范围既可以在多人小组内，也可以是小组间或全班范围内。

工具 2　问题接力

1. 工具含义

"问题接力"是在预先设置的大情境下，利用接力的形式解决一系列问题的学习活动工具。教师首先要精心设计几个指向教学目标的、连贯而递进的问题，然后给这些问题设置一个统一完整的数学或生活的大情境。在课堂教学中将问题逐次发给各个小组，先由组员独立思考，再通过小组交流合作完成。各小组从第一个问题开始作答，完成第一个问题后向教师示意，如果答案得到教师认可将会从教师那里获得第二个问题，以此类推，直到问题的讨论结果全部通过教师验收，该小组的学习任务完成。先完成学习任务的小组还可以到其他小组继续参与讨论和交流学习。

2. 工具用途

（1）通过创设与学生学习、生活相关的问题情境，让学生感受到数学知识的有用和有趣，从而激发学生解决问题的兴趣，使学生愿意并自觉地利用自己的已有经验解决问题。

（2）通过设置具有相关性、递进性的问题，使学生能够"抽丝剥茧"般地感悟知识的本质，对所学知识进行自主地建构。

（3）通过问题接力的形式，给予不同层次的学习者相对自由、充足的时间和空间，让学生通过独立思考和小组合作更加深入地思考，使不同层次学生的需求得到满足。

（4）问题接力过程中，除了小组内每个成员为解决问题而积极参与，小组之间也会有互相交流研讨的机会。在这个过程中，学生的集体荣誉感和团队合作意识得到培养。

"问题接力"微课
活动案例

3. 工具样例展示与微课活动案例

问题1：小路问题（图3-5）

街心花园里有一块绿地。要在绿地的中间修一条宽2米的小路。现在有三种方案（如图），哪种方案剩余的绿地面积大？面积是多少平方米？

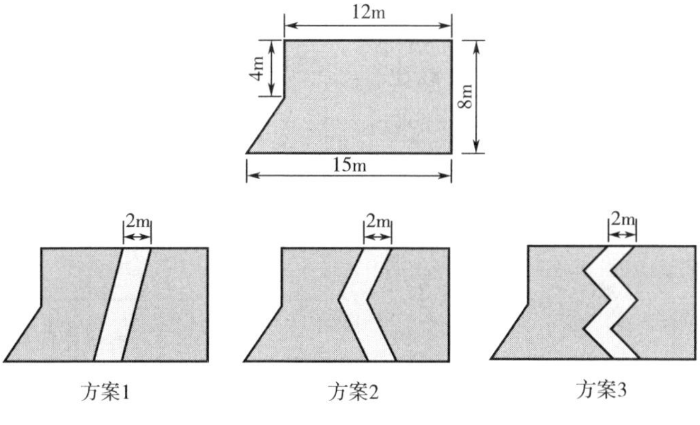

图 3-5　小路问题

问题2：种花问题（图3-6）

花坛里种植了两种花，图中涂色部分种植的是薰衣草。薰衣草的占地面积是多少平方米？

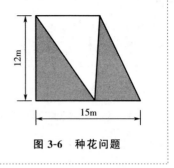

图 3-6　种花问题

问题3：儿童乐园问题（图3-7）

在儿童乐园增设一些娱乐设施，占地面积如图中阴影所示。娱乐设施的占地面积是多少平方米？

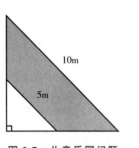

图 3-7　儿童乐园问题

问题4：宣传栏问题（可留作作业）（图3-8）

街心花园里有一面由大小两个正方形组成的宣传栏，涂色部分（如图所示）专门用于宣传冬奥会，面积为1.62平方米。其他部分用于人们签字留言。小正方形的面积是多少平方米？

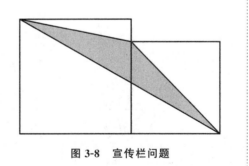

图 3-8　宣传栏问题

工具制作说明："问题接力"中的问题要紧扣目标，或是将一个难点分解成若干个小问题，或是设计有梯度的问题进行应用和拓展。

4. 工具运用流程（图 3-9）

（1）设置问题情境，引发学生聚焦思考。

（2）分发第一个问题，小组成员先独立思考，再通过小组交流合作完成。如遇问题向教师示意。

（3）完成后示意教师，答案得到认可后，从教师处获取下一个问题。

（4）重复以上过程，直到所有问题全部完成。

（5）所有问题完成后，可到其他小组交流学习。

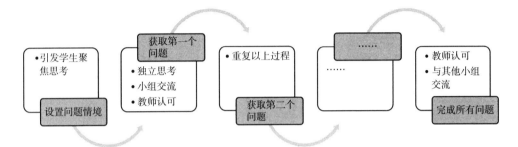

图 3-9　"问题接力"工具运用流程图

5. 工具应用效果反思

学生积极度较高，促进了不同层次的学生深入思考，使学生在合作交流中加深对知识本质的理解。

6. 工具适用范围与建议

年级	学科	人数	课型	教学环节
☑高	☑语文	□2 人小组	☑新授课	□导入启动
☑中	☑数学	☑4 人小组	☑复习课	☑呈现展开
□低	☑英语	☑6 人小组	☑活动课	☑练习指导
□全部	☑其他	□全班	□其他	□复习总结
				□评估反馈

"问题接力"活动工具的使用适用于中、高年级具备一定解决问题能力的学生，不限学科，主要用在较为复杂的新知识的呈现展开环节，及复习时的练习指导环节。教师可根据学习内容的复杂程度及学生的已有经验设计若干个具有梯度的问题，帮助学生对知识的理解和构建。

十、板书设计

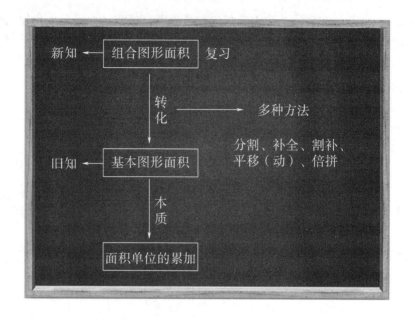

◆ 教学反思：新课程背景下小学数学课堂教学中的几点转变

2022 年修订的义务教育课程标准对教学提出了新要求和新挑战。要想真正实现对学生的核心素养的培养，就要改变以往课堂教学中以教师教教材为主的现状，真正从学生发展的角度出发，从教学目标、教学内容、教学关系、学习方式、教学评价等方面进行转变。

1. 教学目标转变：从知识学习转向核心素养培养

《义务教育数学课程标准（2022 年版）》中指出，数学课程要培养的核心素养是在数学学习活动中逐步形成具有数学基本特征的思维品质、关键能力和核心价值观。要培养学生逐步会用数学的眼光观察现实世界、会用数学的思维思考现实世界、会用数学的语言表达现实世界，就要从"四基"、"四能"、情感态度价值观三方面的达成指向上位的核心素养的形成。

本节课以核心素养的培养为出发点、着力点和落脚点制订了教学目标，让学生在完整的街心花园的大情境下，通过综合运用数学知识解决组合图形的面积计算的过程，沟通平行四边形、梯形和三角形知识之间的联系，再进一步通过梳理方法和沟通知识间的联系，感悟平面图形面积计算的本质是一致的，从而实现

"从未知向已知的转化"。在学习探索的过程中发展学生的空间观念、推理能力和应用意识，积累解决问题的经验。

这样的教学目标，使学生对于这节课的学习不仅仅停留在如何计算组合图形的面积上，而是在这节课的学习过程中增强认识真实世界、解决真实问题的能力，从而落实核心素养的培养。

2. 教学内容转变：从零散知识点转向知识结构化

传统的教学遵循"从单个知识点的识记到理解再到应用"的认知路径。这样的教学割裂了知识的内在联系，虽然在一定程度上强化了学生对某个知识点或技能的掌握，但是造成学生对知识结构缺乏认知，缺乏对本质的理解，更没有形成相应的数学素养。因此，要实现以核心素养为导向的教学目标，在教学中要重视对教学内容的整体分析，帮助学生建立能体现数学学科本质、对未来学习有支撑意义的结构化的数学知识体系。

本节课在设计教学内容时，将一节课的内容置于整个单元的知识体系中，确定本节课在整个知识链中的地位和作用。在本单元的学习中，学生学习的纬线是掌握研究图形的一般方法，学会知识迁移、自主建构；经线是认识平面图形的外部特征，进一步探究面积的计算方法，并学会解决问题。"街心花园中组合图形面积"的一系列问题，涉及了各种各样的平面图形以及转化方法，使得学生在自主探究的过程中身临其境，宛如自己就是街心花园中的一名工作人员，在真实的问题情境中解决真问题。在解决问题的过程中，引导学生综合运用已有知识经验，找到未知图形面积与已知图形面积之间的关联点，打通将新知识转化成旧知识的通道，不仅更好地理解面积"转化"的本质—— 形状改变、面积不变，更是感悟"转化"在学习中的重要作用，为今后更好地应用积累经验。最后，教师还引导学生一步一步"向下扎根"，从整个平面图形面积学习的视角，感悟面积计算的本质就是单位面积的累加。

这样从整体视角出发的设计，才能真正促进学生更加走进知识的本质，学会用整体的、联系的、发展的眼光看问题，从而培养学生的数学素养。

3. 教学关系转变：从教师教为主转向以学生学为主

传统的教学以教师教为主，忽视了学生的能动性、自主性和独立性。从教与学的关系角度来讲，教学过程本质上应该是学生的学习过程，没有学，教的价值就不能体现；没有学，核心素养的培养就成了空话。因此，以核心素养为导向的教学必须从处理好教与学的关系入手。

本节课中，教师不再是课堂的主角和操控者，学生成为课堂的中心和主体。

教师的角色从传递知识的权威转变成了学生的高级伙伴或合作者。教师所做的是为学生创造一个适合探究的学习情境，唤起学生的学习动机，在学生自主学习的过程中进行组织和协调，引导学生有效地学习，在学生认知建构的时候提供适当的帮助，促进学生思维的深度发展，在学生遇到困难或获得成功时给予恰当的评价，为学生营造良好的学习心理环境。学生则在课堂中成为真正的主角，在教师精心设计的学习活动中充分发挥主观能动性，去思考、去探索、去挑战，使学习真正发生，从而在学的过程中逐渐形成核心素养。

4. 学习方式转变：从单一的讲授方式转向丰富的主动学习方式

传统的课堂教学在学习方式上突出表现为"听讲、理解、背诵、练习"的主要活动和形态。在这样的学习方式中，学生会被束缚在听讲和练习上，即使学生再有主动性、独立性和创造性，往往收获的也仅仅是所谓的扎实的基础知识和熟练的解题技巧。这从根本上背离了核心素养的形成和发展。因此，要想有效实现以核心素养为导向的教学，就要改变单一的讲授式教学方式，注重教学方式的启发性、探究性、参与式和互动式。

本节课的教学方式主要体现在"以学生为本"的活动工具"问题接力"的使用上，该活动工具的使用是多种教学方式的结合与统一，切实让课堂学习从教师控制的"假自由"，变成了学生自主的"真研究"。在教师设置大情境下的问题接力后，学生的探究欲望更强烈了，与生活紧密联系的情境与有梯度的问题激发了学生解决问题的热情；在解决问题的过程中，学生的思维更活跃了，每个学生都在为寻求最好的解决方法认真思考，充分调动自己已有的学习经验和生活经验，并在小组交流中认真倾听，深入思考；在组间和谐的交流中，学生的团队意识加强了，每个组员都在为更好地解决问题尽自己的一份力量。

本节课的教学方式使得学生的学习过程更具启发性、探究性、参与性和互动性，潜移默化地培养着学生的数学素养。

5. 教学评价转变：从对学习评价转向为学习评价

传统的教学评价主要通过教师语言、测验等方式对学生的学习成果进行评判，这种片面的、只针对学习结果的评价方式不能很好地关注学生的学习过程，从而有效地改进教师教学。因此，教学评价应该侧重于诊断学生在学习过程中存在的问题，进而促进学生学习行为和教师教学行为的改进。

本节课的教学评价努力做到评价方式、评价维度及评价主体的多元化，聚焦学生"学"的过程，通过恰当的评价，促进学生核心素养的形成。在评价方式上，课堂观察与练习测试相结合；在评价维度上，不仅仅关注学生对知识技能的掌握，而且关注学生的思维过程，是否真的学会学习；在评价主体上，不只是教师，同学甚至是学生本人都可以成为评价者。在师生、生生、自我的评价中，真正促进教学的改进，促进学生核心素养的形成。

《组合图形面积复习》在新课程理念下以核心素养为导向，从平面图形知识的整体结构出发进行设计，在课堂中充分发挥学生的主体地位，让学生在独立思考和合作交流的过程中解决具有挑战性的真实问题，并在以促进学习为目的的教学评价中培养学生的数学核心素养。

◆ 专家点评

申艳老师《组合图形面积复习》一课的设计，首先注重对学生的学情的调研，了解并准确把握了学生的现状，能根据学生的实际情况制订教学目标；其次注重对教材的理解与分析，能够从平面图形知识的整体结构通盘考虑，设计安排合理。《组合图形面积复习》一课的设计中比较好地考虑到了学生主体学习地位，通过提出问题任务引领学生积极主动探索。特别是教师注重引导学生在方法的梳理和联系中，进一步感悟"平面图形面积计算本质的一致性"，从而实现"从未知向已知的转化"，帮助学生积累解决问题的经验。教学中通过"问题接力"，唤起了学生的学习动机和学习兴趣，让学生主动去观察、去倾听、去思考、去交流，努力给学生更大的时间和空间，促进了学生思维和行为的参与。本节课的设计体现了"以学生为本"的教学思想，值得分享。

（课例指导与点评专家：吴正宪　北京教育科学研究院）

第四章

"以学生为本"的教学设计：
小学语文

案例 4

小学三年级新授课：《赵州桥》

基本教学信息

学科：语文	课名：《赵州桥》	年级：三年级
学生人数：33	课型：☑新授课 □复习课 ☑单科课 □跨科课	

◆ 《义务教育语文课程标准（2022 年版）》内容摘录

"综合考虑教材内容和学生情况，设计不同类型的学习任务，依托学习任务整合学习情境、学习内容、学习方法和学习资源，安排连贯的语文实践活动。注重语文与生活的结合，注重听说读写的内在联系，追求语言、知识、技能和思想情感、文化修养等多方面、多层次发展的综合效应。"

◆ 教学设计

一、课标要求分析

《义务教育语文课程标准（2022 年版）》要求"义务教育语文课程实施从学生语文生活实际出发，创设丰富多样的学习情境，设计富有挑战性的学习任务，激发学生的好奇心、想象力、求知欲，促进学生自主、合作、探究学习"，以增强课程实施的情境性和实践性，促进语文学习方式的变革。

本节课努力落实自主、合作与探究的学习方式，促进学生创新意识和实践能力的发展，设计契合教学目标的学习活动，帮助学生在多种类型的语文实践活动中达成教学目标。

二、学习内容分析

《赵州桥》是部编版小学语文教科书三年级下册第三单元的精读课文，全文结构清晰，可以分成三个部分。第1自然段为第一部分，概述赵州桥的地理位置、设计者及建造年代等相关情况。第2～3自然段为第二部分，介绍赵州桥坚固、美观的特点，是全文的重点部分。为了说明桥的坚固，先介绍了桥长和桥宽，以体现这样的桥在一千四百多年前是相当雄伟的；接着具体介绍桥的设计，强调这种设计是桥梁史上的一大创举；最后介绍这种创新设计的好处，说明桥坚固的原因。还通过具体描写桥面两侧栏板上雕刻着的龙，表现了赵州桥的美观。第4自然段为第三部分，总结了赵州桥的历史价值。

课文表述清晰准确，语言平实、充满情感。比如，用"没有""只有""横跨"写出了赵州桥的创新之一是在如此宽的河面上架设单拱桥，强调了桥的气势之壮，语句间充满了自豪；"左右两边""各有两个"等限定性表达不仅准确地写出了小桥洞的数量和位置，还写出了赵州桥的设计之巧，呈现出赵州桥独特的设计。又如，用"既……又……"这个句式简明扼要地阐述了4个小拱在设计上的好处，揭示了赵州桥在世界桥梁史上占有重要地位的原因。介绍桥栏上的雕刻时运用了排比句，"相互缠绕""相互抵着""回首遥望"等词语把龙的各种姿态描写得栩栩如生。

三、学生情况分析

学生在日常生活中很少能够见到古桥，很少关注古桥的实用和审美功能，理解课文内容的先备知识不够充分，在阅读过程中能够准确提取相关信息，但在相关信息之间建立关联的意识相对薄弱。教师需要设计学习活动，帮助学生建立各部分内容间的关联，从整体到局部、全面立体地理解课文，认识赵州桥。

四、学习目标

（1）能正确、流利地朗读课文。
（2）能够准确理解重点词句，能够分析中心句在文中的作用。
（3）能用指定词语介绍赵州桥，表现我国古代劳动人民的智慧。

五、学习重点

能用指定词语介绍赵州桥，表现我国古代劳动人民的智慧。

六、学习难点

根据具体的目的和对象介绍赵州桥，能够在介绍过程概括我国古代劳动人民的智慧。

七、设计思路

为凸显教学过程的情境性和实践性，教学设计重点关注学习活动和教学评价两个方面。根据学生年龄特点，通过接力赛游戏的形式，激发学生的求知欲，促进学生自主、合作、探究学习；在活动进程中，设计层次清晰的问题，引领学生深入阅读、深入思考。在学习活动推进过程中，运用恰当的评价方式，提供科学的评价工具，关注学生学习过程和学习进步，提供及时的指导与反馈。整节课突出体现活动化、游戏化、生活化的学习活动设计，力求构建以学生为本的课堂。

八、教学过程

教学环节及时间	学习活动工具	学习目标	教学事件	教学策略与过程	评估反馈
导入启动 5分钟	开火车	活动激趣，明确要点，复习巩固，引入正题	1. 获得注意力，复习巩固；2. 交代学习目标	1. 运用游戏形式复习巩固第一课时内容，激发学生的学习兴趣；2. 理清文章脉络，为学习本课内容作铺垫	观察学生的学习积极性
呈现展开 20分钟	接力赛	突破重点，理解赵州桥特点，抓住关键词和句子，体会课文的内容和表达方法	1. 激发动机兴趣；2. 组织指导练习；3. 呈现内容重点	1. 小组合作学习；2. 创建学科知识体验的学习情境和富有挑战性的学习任务	了解学生答题情况，观察各组答题的速度和准确性，适时辅导及鼓励

教学环节及时间	学习活动工具	学习目标	教学事件	教学策略与过程	评估反馈
练习指导 10分钟	小导游	学会组织语言，学会构段，练习表达	1. 明确学习策略； 2. 提供反馈； 3. 组织学生自评	进行再次建构，把新旧知识联系在一起，梳理并能通顺有条理地表达出来	1. 对学生归纳段的特点及时总结指导； 2. 倾听学生介绍赵州桥，必要时给予点拨，及时表扬口语表达能力较强的学生； 3. 鼓励稍差的学生，告知改进方向
结束收尾 5分钟	说一说 看一看	对本课进行总结，拓展与升华	1. 做小结与复习； 2. 促进迁移应用； 3. 再次激励结课	拓展介绍中国其他桥所代表的劳动智慧和历史遗产	及时对学生的回答进行总结评价

九、学习活动工具

工具1 接力赛

1. 工具含义

教师在课堂上提出若干问题，每小组讨论后把小组答案写在纸上，选派一位组员找教师订正，教师指出问题，组员带着教师指出的问题和提供的建议回到本组，继续组织讨论，更改完善原始答案。一个题目的答案合格后才能进行下一题，直到全部题目的答案都合格为止。

2. 工具用途

（1）提高学生学习过程的整体性。学生先看到全部问题，关注问题之间的关联，逐步解决问题的过程成为促进学生程序性知识建构的过程。

（2）充分发挥过程性评价的作用。学生带着问题展开讨论，老师基于原始答案做出评价，根据不同小组的答案情况，判断小组答案与目标答案的差距，并提供推进性的评价建议，学生根据评价结果进入下一轮次的学习，目的性更强，学习策略更合理。

（3）帮助学生认识合作学习的价值。具有挑战性的问题可以激发学生的好奇心、想象力和求知欲，促进学生自主探究的能力；问题需要小组合作解决，能够帮助学生看到小组成员发挥作用的过程，认识到合作的意义和价值。

3. 工具样例展示与微课活动案例

"接力赛"微课
活动案例

接力赛活动规则：

（1）出声有感情地朗读课文。

（2）老师宣布"开始"后，小组按顺序讨论各题。

注：小组长领题，完成各题后由小组长交给老师检查，若答案有误，小组内修改，讨论更正上交，直至正确解答才算过关，发放下一道题目，按规则继续答题，直至通关。

《赵州桥》一课的"接力赛"共设置了4个问题，引导学生从整体到局部，借助合理的阅读程序完成自主阅读和小组讨论。

问题1：请你为赵州桥设计碑文（图4-1）。

图 4-1　"请你为赵州桥设计碑文"样例

问题2：从哪里能看出赵州桥雄伟？

问题3：请你画一画赵州桥的设计（各部分可以标注）并讲解。

问题4：文中描写了赵州桥哪些精美的图案？

4. 工具运用流程

（1）提出接力赛要求，明确学习目标与推进方式。

（2）小组按照要求完成各个问题的讨论、交流、修改。

（3）班级展示交流，关注各小组学习成果的闪光点。

5. 工具应用效果反思

接力赛活动适应小学各阶段的年龄特点，多样化活动更容易打开思维，激发参与度，调动学生进入课堂学习状态。课后有多名学生表示这样的活动方式很有趣味，能够帮助他们加深对本堂课知识重点内容的理解，以活动的方式启动也能更快地集中他们的注意力、调动起他们的积极性，小组活动不仅提高了小组合作能力，还能做到小组内取长补短。接力赛的题目中包括动手、动脑、动口的题目，多样化的教学内容，注重课程内容与生活以及与其他学科的联系，注重听说读写的结合，促进知识与能力、过程与发展、情感态度价值观的整体发展。

6. 工具适用范围与建议

年级	学科	人数	课型	教学环节
□高	☑语文	□2 人小组	☑新授课	□导入启动
□中	☑数学	☑4 人小组	☑复习课	☑呈现展开
□低	☑英语	☑6 人小组	☑活动课	☑练习指导
☑全部	☑其他	□全班	□其他	☑复习总结
				□评估反馈

工具 2　小导游

1. 工具含义

学生选取身边熟悉的或者学过的地点，选择自己要介绍的景点，根据介绍对象的真实需求使用恰当的顺序，介绍景物的特点，表达自己的感受，旨在锻炼学生根据目的、对象、情境做介绍的口语表达能力。

2. 工具用途

（1）引导学生关注口语交际的目的、对象和情境。借助学习工具帮助学生了解实用性阅读与表达的基本要求：内容明确、条理清晰、语言简洁明了。

（2）促进阅读与表达的渗透、融合。学生在阅读过程中学习了如何介绍事物，学习工具有助于学生明确从阅读向表达转化的基本方法。

（3）增强语言实践活动的连贯性和整体性。学生需要全面收集信息，根据导游词的要求整理信息，并选择恰当的呈现方式，导游词的撰写增强了语言实践活动的综合性。

"小导游"微课
活动案例

3. 微课活动案例

4. 工具运用流程

根据《赵州桥》一课的主要内容，学生将课文信息转化为导游词，需要完成以下学习过程。

（1）整体梳理课文段落结构，明确"总-分-总"的结构体式。

（2）根据游客的需求，从课文内容中筛选导游词的基本内容。

（3）整理导游词的顺序，完成导游词的撰写，尝试口语表达。

见图4-2。

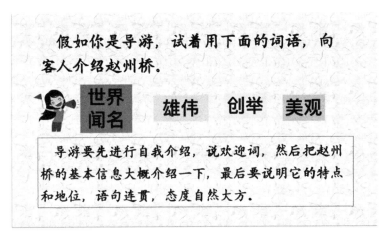

图 4-2　"小导游"导游词撰写提示

5. 工具应用效果反思

"小导游"这一学习工具能够让学生有真实的角色感，融入"导游"的工作情境，根据工作需要完成变式阅读，"导游"的过程让学生看到自己的学习成果的使用情况，有助于开展学习反思，有效地促进了学生参与实践活动的积极性。需要关注的是活动进程中的评价活动，教师要善于利用激励性评价与推进性评价，即发现学生的亮点并给予针对性强的鼓励，判断学生未能达成目标的原因，提供促进目标达成的策略与方法。

6. 工具适用范围与建议

年级	学科	人数	课型	教学环节
☑高	☑语文	□2人小组	☑新授课	□导入启动
☑中	☑数学	☑4人小组	☑复习课	☑呈现展开
□低	☑英语	☑6人小组	☑活动课	☑练习指导
□全部	☑其他	□全班	□其他	□复习总结
				□评估反馈

十、板书设计

◈ 教学反思：以挑战性学习任务激活语文课堂

布鲁纳曾指出："向儿童提供挑战性的但是合适的机会，使其步步向前，也可以引导儿童的智慧发展。"挑战性学习是以挑战性任务为驱动，以学生自主参与和自主建构为方式，注重理解内化、技能迁移以及思维发展的学习方式，对应学生思维力的培养。《赵州桥》一课以阅读活动为基础，力争将阅读与鉴赏、表达与交流、梳理与探究整合在一个专题学习活动过程中，将教学目标指向学生思维品质的磨砺和语文核心素养的提升。为了使任务难度适当并具有挑战性，教师在选择学习材料和设计任务内容时，做了精心的准备和设计。

1. 学习内容的设计

对于具体的班级和学生来说，语文学习内容合适与否主要取决于教材与学情。教材无疑是语文学习内容设计的主要凭借。《赵州桥》一课主要从以下几个方面设计：

（1）以简驭繁，帮助学生理解课文重点。"趣味教学"这一观点近来常被各界教育专家提倡。课堂中的"趣味"是教师对文本深入解读后的深入浅出，是对教材的准确把握，是让学生学得更简单、更快乐些，让学生的感受更深刻些。为了这个"简单"的趣味，教师需要在背后做"不简单"的事情：深入地解读文本，收集有关赵州桥的资料，最后引出课文中三个特点——雄伟、坚固、美观，再根据这三个特点去引导学生学三个重点句——"赵州桥十分雄伟。""这座桥不但坚固，而且美观。""这种设计，在建桥史上是一个创举。"以此为线索学段学篇，去感受赵州桥的无限魅力。

（2）环环相扣，为突出训练重点巧作安排。根据《赵州桥》课文的特点，确定了教学的重点是第2、3自然段。因此，在第2自然段的教学活动设计中，帮助学生理解赵州桥的建造特点，突出这座桥的设计是一个创举。接着理解第3自然段时，又使学生从感性上认识这座桥不但坚固，而且美观。理解较难的句子，使学生深刻领会赵州桥栏板图案之精美。

（3）重视朗读指导，培养学生的语感。要想让学生真正理解一篇课文的内容和它所要表达的思想感情，光靠教师在讲台上一句一句地讲解是起不到多大的作用的。所以要想学生理解得彻底，一个重要的手段便是读。在朗读中体会到，作者不仅仅是在游览桥、赞美桥，同时也是在赞美造桥的人，通过朗读我们更能够体会到作者在写作时充满骄傲和自豪的感情。所以，读课文时，我们要站在作者的角度，既表达出作者所要表现的情绪，也表达出自己从文本中体验到的情感。

2. 学习任务的设计

本课为学生设计了一系列具体的、由浅入深、由简单到复杂的学习任务，通过这些具体任务，分解了学习的难度，缓解了逐段理解的枯燥，形成了任务梯度，为学生完成整篇课文的学习提供了支撑。

第一梯度的任务：筛选整合信息，理解文本的基本内容。例如："请你为赵州桥设计碑文。作者是从哪几方面写赵州桥的？"考查学生读熟课文后，能否知道《赵州桥》整篇的结构，训练了学生提取信息的能力。

第二梯度的任务：梳理、探究，发现、创新，都指向语文核心素养的培养。例如："从哪里能看出赵州桥雄伟？结合课文内容，说说你如何理解'创举'。'这种设计'有什么好处？"在理解课文时，提出这个问题让学生讨论，学生能够从前面的学习中了解赵州桥设计上的"创举"，也能够用举例子的方法说出对"创举"的理解。然后联系上下文中对赵州桥的描述，如减轻冲击力、节省石料，谈谈自己对这句话的理解，并在理解这句话的同时自然而然地激发出自豪的情感。

第三梯度的任务：学科融合与渗透，侧重于语文核心素养中的"审美鉴赏与创造"。例如："请你画一画赵州桥的设计（各部分可以标注）并讲解。"语文课程标准强调"语文知识综合运用、听说读写能力整体发展、语文课程和其他课程沟通、书本学习与实践活动紧密结合"。语文和美术教学是可以相互补充、相互融合的，既能创设教学情境和愉快的学习氛围，又能培养儿童的创造性思维，提高表达和绘画能力，从而全面提升孩子的核心素养。创新融入了美术元素，学生不仅乐于接受，还会踊跃创新。这种融合不只是让学生课堂上学会画"桥"，而是与语文学科充分地融合渗透，让孩子们认识美、感悟美、创造美、享受美，进而爱上课堂，享受课堂。

第四梯度的任务：提高学生口语表达能力。这项任务侧重于语文核心素养中的"语言建构与运用"。例如："如果你是小导游，如何介绍赵州桥？"在教学实践中，突破本课难点，提高学生利用信息作出评价的能力、组织语言能力、口语表达能力。学生在原有的知识基础上进行再次建构，把新旧知识联系一起，梳理并能通顺、有条理地表达出来。教师要对学生归纳的段的特点及时总结指导，倾听学生的观点与态度，并给出必要的点拨，及时表扬口语表达能力较强的学生，鼓励稍差的学生，告知改进方向。这种讨论与交流，不仅总结分享了学习的成果和经验，也锻炼了学生的口语和书面语的表达与交流能力。从整个学习过程来看，目标基本达成。

过去学生语文学习基本是教师根据本课目标，一一讲解重难点。它的好处是学生学习课内知识比较扎实，不足是容易使学生只见树木不见森林，不易形成自主思考的能力，且不能激发学习兴趣。长此以往，学生就会习惯于由老师带着，循规蹈矩地学，而缺乏个性化、多样化、自主化学习。通过"以学生为本"的课堂形式，学生在语文实践中抛弃逐字逐句、从前往后学习的老旧习惯，在梳理整合语言知识和言语活动经验的过程中，逐渐提升语言积累和语言建构的语文素养，体会到学习语文的快乐。

◆ 专家点评

"挑战"在《现代汉语词典》里有三个解释——"故意激怒敌人，使敌人出来打仗""鼓动对方和自己竞赛""激励自己主动跟困难等做斗争"。在马郡老师的教学语境下，"挑战"可以理解为激励学生迎接高于自身认知水平的学习任务。本节课中的学习任务在哪些方面高于学生的认知水平呢？

首先是学习过程的整体性。第二学段的学生倾向于"逐点"完成学习进程，只顾一点不及其余，马老师的"接力赛"把学生熟悉的往返跑调整为马拉松，学生需要较好的专注力和意志力才能按部就班给出各个问题的完美答案，整体性的学习内容安排向学生的意志品质提出了挑战。

其次是学习成果的生活化。马郡老师的阅读课不是"阅读题课"，而是模拟社会生活场景，学生面对的是需要解决的问题，解决的过程与语文学习的进程一致，学生依照实践活动的要求阅读、理解、分析、提炼，"小导游"向学生的应变力和表现力提出了挑战。

最后是合作的学习机制。整体的学习进程中学生需要面对自己、面对组员、面对教师，需要反思自己的学习经历，汲取他人的学习智慧，接受教师的学习指导，整合多方信息，在多元的人际交往情境中完成任务、达成目标。合作的学习机制更符合核心素养发展的要求，向学生当下的交际能力提出了挑战。

挑战，让学生看到自己的不足，在教师指导下迎接挑战，超越自我，让学生看到自己的无限可能，产生获得感、增强自信心。学生学的过程中觉得"费劲儿"，学习结束后确实"长了本事"，实现了知识积累与认知能力的发展，实现了情感态度的变化，这就是挑战的意义。

（课例指导与点评专家：吴欣歆教授　北京师范大学）

案例 5

小学五年级习作导学课:《"漫画"老师》

基本教学信息

学科: 语文	课名:《"漫画"老师》	年级: 五年级
学生人数: 36	课型: ☑新授课 □复习课 ☑单科课 □跨科课	

◆ **《义务教育语文课程标准（2022 年版）》内容摘录**

"审美创造是指学生通过感受、理解、欣赏、评价语言文字及作品，获得较为丰富的审美经验，具有初步的感受美、发现美和运用语言文字表现美、创造美的能力；涵养高雅情趣，具备健康的审美意识和正确的审美观念。"

◆ **教学设计**

一、课标要求分析

《义务教育语文课程标准（2022 年版）》对第三学段的"表达与交流"有如下要求：养成留心观察周围事物的习惯，有意识地丰富自己的见闻，珍视个人的独特感受，积累习作素材。

习作导学课《"漫画"老师》重在引导学生借助具体事例写出人物的特点，这就需要教师引导学生调动已有生活经验，关注并确认人物的特点，收集能够表现人物特点的素材，口头表述相关素材，细致揣摩，运用素材写出具体的人物特点，从而达到教学目的。在完成写作任务的过程中，学生反思自己的观察习惯和表达习惯，语言运用、思维能力以及审美创造得到发展。

二、学习内容分析

《"漫画"老师》是统编版小学语文教科书五年级上册第二单元的习作内容，本单元的语文要素是：结合具体事例写出人物的特点。单元选文都使用了通过具体事例来反映人物特点的写作方法，立足这一点明确了选文的相关性，便于教师联系单元选文的典型片段指导习作教学。

漫画手法的主要特点是夸张、有趣味，用"漫画"手法写作就是要恰当地运用夸张、比喻等修辞手法，凸显人物特点，使形象鲜明，给读者带来深刻的印象。教材编写者在明确写作要求的同时，提供了三幅插图及配文，意在降低学生完成习作的难度。

三、学生情况分析

学生熟悉、喜欢漫画，使用漫画的方式写老师，能够增加学生表达的动力，写作活动的要求本身能够激发学生的学习热情。

本次习作的描写对象是学生们熟悉的老师，学生能够比较轻松地确定写作对象，确认写作对象的特点，难点在于围绕老师的特点，匹配恰当的事例，并把事例写具体。

第二学段的学生能够抓住特征把人物的某一方面写清楚，第三学段的学生已经能够从人物的外貌、语言、动作、神情等方面去描写一个人。以此作为教学基础，联系本单元中的事例片段，引导学生通过具体事例把人物写"活"、写得有特色，让人过目不忘，是本次教学重点关注的问题。

四、学习目标

（1）能够使用夸张、比喻等修辞手法，概括人物的特点。
（2）能够通过讲述一两个具体事例来表现人物的特点。

五、学习重点

能够运用"漫画"手法和具体事例，概括并表现人物特点。

六、学习难点

理解"具体"的要求，能够把事件写具体。

七、设计思路

本节课的设计重视创设学生感兴趣的学习情境，借助学生熟悉的观察与表现方式引导学生进入学习情境。教学设计突出两个方面，其一是通过广泛交流充分调动学生已有的生活经验和表达经验，其二是通过设计学习工具帮助学生了解学习目标、明确写作过程、理解学习成果的标准要求。

八、教学过程

教学环节及时间	学习活动工具	学习目标	教学事件	教学策略与过程	评估反馈
导入启动 5分钟	他是谁	1.活动激趣，明确要点；2.畅谈漫画，引入正题	1.吸引注意力；2.交代学习目标；3.激发动机和兴趣	1.运用猜漫画人物的活动激发兴趣，并使学生了解到人物特点对于人物形象的重要性；2.出示课题及要求，交代学习目标：用"漫画"方式写出你身边老师的特点	观察学生的学习积极性
呈现展开1 7分钟	学习任务单	确定对象，抓住特点	1.帮助回忆旧知；2.呈现信息和事例；3.引导注意力	借助学习任务单，引导学生回忆身边的老师，确定描写对象，并抓住人物特点	了解学生是否找到有特点的人物形象，适时给予点拨
练习指导1 8分钟	学习任务单	仿照例句，展开想象	1.指导学习策略；2.练习指导；3.提供反馈	提供例句，指导学生运用比喻和夸张的修辞手法，在学习任务单上完成人物描写	了解学生能否能够"漫画"形象。展示优秀学生作业
呈现展开2 5分钟	时光机	回顾旧知，讲好事例	1.帮助回忆旧知；2.呈现信息和事例；3.引导注意力	回顾本单元中精读课文《将相和》事例片段，引导学生提炼如何把事例讲细致的方法	对学生提炼的方法归纳和总结，必要时给予点拨

教学环节及时间	学习活动工具	学习目标	教学事件	教学策略与过程	评估反馈
练习指导2 10分钟	讲一讲	分享事例，交流改进	1. 指导学习策略； 2. 练习指导； 3. 提供反馈	1. 小组内交流事例； 2. 班级分享事例，提供指导和反馈	发现事例讲述中的不足，提供指导
结束收尾 5分钟	飞鸽传信	回顾新知，引发迁移	1. 做小结与复习； 2. 促进迁移与应用； 3. 再次激励与结课	1. 学生总结本堂课的收获； 2. 引导学生关注身边其他各具特色的人； 3. 班刊征集，激励创作热情	了解学生总结内容，给予肯定和点拨。观察学生主动学习的热情

九、学习活动工具

工具1 他是谁

1. 工具含义

"他是谁"教学活动工具要求学生采用多种媒介形式如语言描述、视频资料、图片资料等呈现人物的整体或局部特点，通过游戏帮助学生建立人物特点和人物的关系，能够从多个角度认识"特点"，正确概括人物特点的角度。

2. 工具用途

（1）承载知识点。"他是谁"承载的知识点包括：概括人物特点的角度，表现人物特点的词语，整体和局部的关系。在游戏过程中，教师要有意识地引导学生建构相关知识。

（2）形成合作机制。学生在游戏过程中需要结组，有人整理信息，有人探寻答案，在此过程中学生需要调整信息的呈现方式，需要关注语言表达的准确性，在合作过程中实现共同发展。

（3）促进自我反思。游戏有成功有失败，成功者要总结成功的经验，失败者要总结失败的教训，不管是成功还是失败，学生都要从信息呈现方式和特点表达方式两个角度进行自我反思，在反思过程中提高思维能力。

3. 工具样例展示（图 4-3）与微课活动案例

4. 工具运用流程（图 4-4）

"他是谁"微课
活动案例

（1）课堂伊始，"神秘嘉宾"最先以全遮盖形式登场，引出猜人游戏。

（2）逐步揭开人物的部分特征，引发学生思考与猜测，在猜测过程中体悟人物特征的重要性。

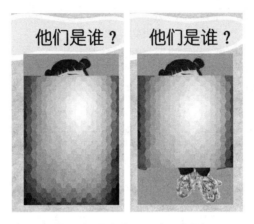

图 4-3　"他是谁"图片工具样例

（3）当人物揭晓以后，学生总结人物鲜明的特点对于人物形象的重要意义，引出本课学习内容。

图 4-4　"他是谁"工具运用流程

5. 工具应用效果反思

教学现场学生表现比较活跃，能够比较充分地展现他们收集信息、做出判断的思维过程，教师可以根据思维过程提供具体的指导，帮助学生运用合理的思维方法解决问题。活动结束后，学生能够大致总结从活动中获得的认识，这些认识与活动承载的知识紧密相关，教师可以在学生体验的基础上帮助学生完成知识建构，符合学生的认知规律。

6. 工具适用范围与建议

年级	学科	人数	课型	教学环节
□高	☑语文	☑2 人小组	☑新授课	☑导入启动
□中	☑数学	☑4 人小组	☑复习课	☑呈现展开
□低	☑英语	☑6 人小组	□活动课	☑练习指导
☑全部	□其他	□全班	□其他	□复习总结
				☑评估反馈

工具2 时光机

1. 工具含义

"时光机"是课堂上呈现旧知、引发思考的教学活动工具。回顾与呈现的内容包括诗文背诵、课文选段、回忆情节等,借助"时光机",学生重新认识旧知的价值,更容易与当下的课堂教学内容建立关联,促进有意义的学习真实发生。

2. 工具用途

(1)帮助回忆旧知。"温故而知新。"该工具的使用有助于学生调动原有认知,为后续学习新知助力,能够体现出语文学习内容的连贯性。

(2)呈现典型示例。该工具方式多样,可以不用同方式呈现学生需要的典型示例,达到灵活开展教学的目的,增加了课堂的趣味性。

3. 工具样例展示(图 4-5)

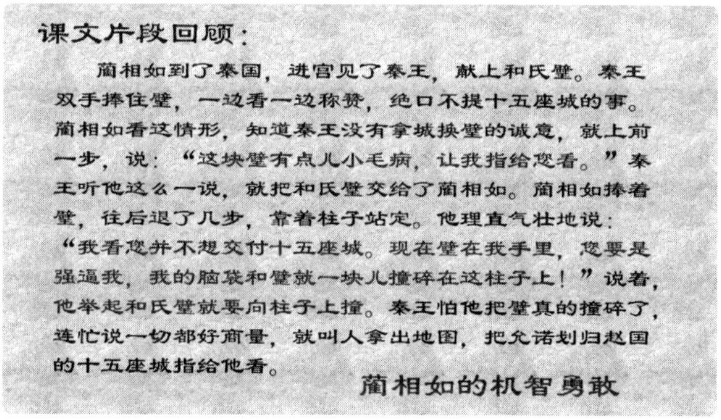

课文片段回顾:

蔺相如到了秦国,进宫见了秦王,献上和氏璧。秦王双手捧住璧,一边看一边称赞,绝口不提十五座城的事。蔺相如看这情形,知道秦王没有拿城换璧的诚意,就上前一步,说:"这块璧有点儿小毛病,让我指给您看。"秦王听他这么一说,就把和氏璧交给了蔺相如。蔺相如捧着璧,往后退了几步,靠着柱子站定。他理直气壮地说:"我看您并不想交付十五座城。现在璧在我手里,您要是强逼我,我的脑袋和璧就一块儿撞碎在这柱子上!"说着,他举起和氏璧就要向柱子上撞。秦王怕他把璧真的撞碎了,连忙说一切都好商量,就叫人拿出地图,把允诺划归赵国的十五座城指给他看。

蔺相如的机智勇敢

图 4-5 "时光机"样例展示

4. 工具运用流程(图 4-6)

(1)可以根据应用场景选择恰当的方式,如多媒体、口述、表单等方式呈现旧知。

（2）引导学生通过对比发现规律，建立旧知与新的问题情境的关联。

（3）学生在小组合作与探究中总结方法，进行新的学习。

| 呈现旧知 | 回顾与发现 | 总结与应用 |

图4-6 "时光机"工具运用流程图

5. 工具应用效果反思

"时光机"是语文教学中最常用的信息呈现工具，旨在用有趣的方式复现学生学过的内容，激活学生的知识储备和认知基础，为学生在新情境中解决问题提供知识基础和认识基础，学生利用旧知，学习新知，"时光机"成为联系学习内容的有效思维工具。

6. 工具适用范围与建议

年级	学科	人数	课型	教学环节
□高	☑语文	☑2人小组	☑新授课	□导入启动
□中	☑数学	☑4人小组	☑复习课	☑呈现展开
□低	☑英语	☑6人小组	□活动课	☑练习指导
☑全部	□其他	□全班	□其他	☑复习总结
				☑评估反馈

十、板书设计

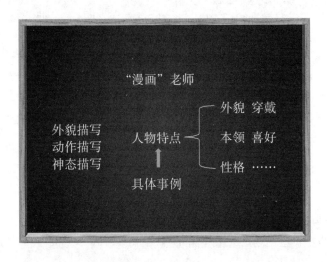

教学反思：核心素养下的小学语文习作教学策略探究

学生发展核心素养主要指学生应具备的、能够适应终身发展和社会发展的必备品格和关键能力。众所周知，核心素养不是凭空而来的，它需要用扎扎实实的知识教学为其提供丰厚养料。在目前的小学语文写作教学中，许多教师的教学重点依然停留在写作形式上，让学生理解文章布局和立意。久而久之，学生的作文缺乏新意，千篇一律，有的甚至是脱离生活实际的胡编滥造。核心素养下的写作教学应让学生学会更好地交流和表达，帮助打开个人的思维模式，提高创新能力以及塑造良好的品格。下面以《"漫画"老师》为例，从核心素养的角度具体谈谈本节习作课的具体策略。

1. 构建真实情境，使学习充满乐趣

《义务教育语文课程标准（2022年版）》要求从学生语文生活实际出发创设丰富多样的学习情境，设计富有挑战性的学习任务，激发学生的好奇心、想象力、求知欲，促进学生自主、合作、探究学习。真实、有趣的学习情境，能激发学生的学习兴趣，促使学生打开思维，调动自己所有的学习、生活经验，从而培养学生观察力和联想能力。

本节课在课堂初始，先呈现了遮盖全身、只露出耳朵的"猪八戒"图片，学生根据这个特点一下子猜出人物名字。接着呈现只露出头发的"哪吒"图片，学生有些迟疑。教师将"哪吒"的风火轮露出，学生们马上确定了他的身份。最后出示只露出腿的"三毛"的图片，学生再次迟疑不决，随着教师展示出"三毛"最有特点的发型，学生们恍然大悟，猜出了人物名字。通过抓住人物最突出的特点，猜出人物名字的活动，学生收获成就感的同时更是充分感知了本节课抓住"人物特点"的重要性，为后面的学习起到良好的铺垫作用。

这个情境的创设作为本次写人习作教学的第一步，不仅唤起了学生的求知欲，也回顾了人物的特点对于人物描写的重要性，体现了本节课的教学目标。学生在活动过程中不知不觉走进学习内容，兴致勃勃的状态更容易激发学生的思维活力，养成积极思考的习惯。

2. 呈现清晰表单，让学习思维可视化

在课堂教学中，教师要注重结合教学现状建构思维可视化课堂，注重从传统经验化教学转为理性教学。课堂之所以出现学生交流很多、收获很少的状况，很大程度上是因为缺少学习路径的设计，缺少可视化的思维工具。

本节课，教师提前设计好"用词写老师的主要特点""用修辞手法继续描写老师特点""结合具体事例再描写老师特点"的学习任务单。这个表单在本堂课中弥补了学习过程无痕迹的缺陷，学生可以及时地将自己的所思所想落在纸上，后续在与老师、同学的交流中，也依然可以不断地修改完善自己的这份成果。学习过程留下痕迹，思维过程也有了路径，这对学生形成写作思维有助益。

应用学习表单所带来的良好学习效果，让学生的学习过程和学习进步都有迹可循，学生的表达可以更流畅、更自信，反思和修正更及时，课堂效率也在潜移默化中得到提高。学生的语言经验、思维能力、审美创造都随之得到了充分的发展。

3. 勾连单元例文，助深度学习发生

单元例文整合教学，给习作单元的理论建构奠定了基础，也使例文自然地转变为学生习作、模仿、借鉴的案例，让学生写作理论的形成有所凭借。在部编版教材中，习作与单元课文及语文园地的知识有着千丝万缕的联系，寻找合适的契合点进行勾连可以让它们达到相辅相成的效果。

《"漫画"老师》是部编版小学语文五年级上册第二单元中的内容，其教学目标是让学生能在进行人物描写时结合具体事例进行分析，突出其特点。为了更好地完成这一学习目标，在学生用修辞手法描述教师特点之后，教师带着孩子们回到本单元学过的《将相和》一课，通过"完璧归赵"这一事例片段，再次引导学生观察其中细致入微的语言、动作描写，帮助学生去深入体会如何利用具体事例来达到塑造人物形象的目的。

教材选编的课文具有良好的示范与教育作用，它们不仅能为学生写作提供思路与素材，还是学生培养文学思想的有力武器。最大限度地运用单元课文与习作之间的联系性，能达到先读后写、先看后思、先写后比的良好效果，给学生更多的发挥空间，使其巩固所学知识的同时学会灵活运用，进入深入学习的状态。学生在真实的情境中，通过这样积极的语言实践，积累了一定的语言经验，提高了自身语言文字运用能力，同时积淀了丰厚的文化底蕴，继承和弘扬了传统文化，从而全面提升核心素养。

4. 找准学习支点，促自主探究学习

教学过程是教师教和学生学的双边活动过程，关注学生的主体的同时也要关注教师的主导作用，它就像一个支点，能促进学生自主探究学习的发生。

课堂伊始，教师就创设有趣的学习情境，激发了学生的求知欲，同时为学生提供了形象生动、充满童趣的作文题材，使学生能以最好的状态进入学习。接

着，教师启发学生发现身边老师们的特点，在分享交流中打开学生思维。随后，教师在第一组对比中，引导学生发现使用修辞手法描写人物特点的妙处，引起学生共鸣。在第二组对比中，使学生充分感受到了利用具体事例可以把人物特点写得更加具体、生动。教师这种润物无声的指点，使这节课的利用"漫画手法"和"具体事例"表现人物特点的重难点得以突破。外加"口语交际"的模式，使最初面露难色的学生也能由点到面，娓娓道来。课堂上师生互动，生生互动，所有的评价语教师都反馈和引领到本节课"如何表现人物特点"的核心问题。

这堂习作课，教师的科学主导，让学生经历了一篇习作如何破题、如何从生活中选材、如何确定人物特点以及怎样用修辞手法和具体事例把人物特点描述得具体、生动的完整过程。培养了学生细致的观察能力、语言运用能力以及反思并改进的学习能力。教师的"教—学—评"一体化的意识，也引导学生们扣着教学重难点进行自我评价和同伴评价，这种无形的导向，更能促进学生充分、深入地探究学习。学生在学习过程中感受着自己的进步，对语文学习充满了兴趣，增强了自信，思维能力更是得到了大幅提升。

学方法、懂技巧只是最基础的一种学习阶段，深层次的感悟和认知才是学习和掌握知识的最高境界。小学语文教师应注重在写作教学中引导学生从语言、思维、文化、审美与创造等方面展开有效的语文写作训练，让学生从多角度提升个人的语文核心素养，同时也保障学生写作能力的有效提升。在此之外，教师还要多鼓励学生进行课外阅读，积累写作素材；引领学生多参加实践活动，丰富认知。让写作不仅成为学生表达的一种工具，更是一个抒发情感的媒介，为学生的全面发展奠基。

◆ 专家点评

本节课的学习工具有两个突出特点：勾勒出学习进程，可视化呈现思维结果。这两点在第三学段的习作教学中尤为重要。写作过程需经历从"思维"到"内部语言"再到"外部语言"的三级转换，对隐形的内部语言进行思维加工和文字记录后，生成连贯、妥当的书面表达，才能构成一次完整的写作活动。写作思维可以分成"立意思维"和"结构思维"两个关键组成部分，前者的任务是透过生活经验或给定题目的表面现象发现内在本质，进而确立作文的中心思想；后者包括积累材料、谋篇布局、组织语句等展开性活动，需要较强的分析与综合能力。本节课的教学思路为向生活经验要"立意"，明确写哪位老师的哪个特点；

向典型文本要"结构"，通过梳理教材选文，帮助学生找到组织结构和语言的方式。教师设计的学习活动完整呈现了立意思维和结构思维两部分，帮助学生高质量完成三级转换。值得关注的是，整个思维过程都有可视化的学习成果作为标识，学生在活动进程中很难关注各个活动之间的关系，各个活动的学习成果能够起到记忆支架的作用，帮助学生看到自己完成习作的过程，并将这个过程逐步固化为程序性知识。从这两个角度来看，本节课的教学活动工具既有利于学生建构事实性知识，也有利于学生形成程序性知识，还能够促进学生反思性知识的发展，具有较高的实践价值。

（课例指导与点评专家：吴欣歆教授　北京师范大学）

案例 6

小学六年级新授课：《月光曲》

基本教学信息

学科：语文	课名：《月光曲》	年级：六年级
学生人数：40	课型：☑新授课 □复习课 ☑单科课 □跨科课	

◆ **《义务教育语文课程标准（2022年版）》内容摘录**

"阅读叙事性作品，了解事件梗概，能简单描述印象最深的场景、人物、细节，说出自己的喜爱、憎恶、崇敬、向往、同情等感受；阅读诗歌，大体把握诗意，想象诗歌描述的情境，体会作品的情感。受到优秀作品的感染和激励，向往和追求美好的理想。"

◆ **教学设计**

一、课标要求分析

《义务教育语文课程标准（2022年版）》指出"语文课程应引导学生在真实的语言运用情境中，通过积极的语言实践，积累语言经验……同时，发展思维能力，提升思维品质，形成自觉的审美意识，培养高雅的审美情趣。"本课教学力求通过语言建构与运用，发展学生的想象和联想能力，提升审美鉴赏与创造力，进而培养学生的语文核心素养。

二、学习内容分析

部编版小学语文教科书六年级上册第七单元的语文要素是借助语言文字展开想象，体会艺术之美，单元选文从音乐、戏曲、绘画等不同角度展现了艺术的魅力。《月光曲》是本单元的第二篇课文，通过讲述《月光曲》的创作过程，使学生感受乐曲描述的美妙境界，对艺术产生向往。

在第一课时中，学生已充分理解了贝多芬为什么要弹琴给盲姑娘听，为什么弹完一曲又一曲，为后面的学习打下了感情基础。本课时希望通过引领学生借助课文第九自然段中的文字展开想象，从不同角度感受艺术之美，并尝试运用语言文字进行创意表达，表现音乐之美。

三、学生情况分析

统编版教材对学生"想象能力"的培养有着不同层次和梯度的要求，见表4-1。

表 4-1　学生"想象能力"的培养要求

年级	特征与要求
低年级	读句子，想象画面
三年级	一边读一边想象画面
四年级	边读边想象，感受自然之美
六年级上（第一单元）	阅读时能从所读的内容想开去
本单元	通过语言文字，想象画面，体会艺术之美

通过前5年的学习，学生已经初步具备了借助文字想象画面的能力，六年级要求学生从多种角度展开想象。就《月光曲》而言，要求学生想象课文第九自然段所描述的画面，进而体会到《月光曲》的旋律之美。之后还要把听到的另一首音乐想象成画面，运用语言文字表达出来，这对学生来说是一种挑战。因而通过语言文字想象画面，体会音乐之美，并综合运用该能力进行文字表达，是本节课的难点，也是需要重点突破的。

四、学习目标

(1) 能读：借助语言文字想象课文第九自然段所描绘的画面，并有感情地朗读这一段。

（2）会写：听音乐，展开联想和想象，把所想到的情景写下来。

五、学习重点

借助语言文字从多角度想象课文第九自然段所描绘的画面，能有感情地朗读第九自然段。

六、学习难点

听音乐，展开联想和想象，把想象到的情景用优美的语言写下来。

七、设计思路

义务教育语文课程培养的核心素养包括文化自信、语言运用、思维能力和审美创造四个方面，这四方面是一个整体。其中，学生的思维能力、审美创造、文化自信都以语言运用为基础，并在学生个体语言经验发展过程中得以实现。

本节课应用"以学生为本"的学习活动工具，通过品味课文中优美的语言，引导学生想象文字所勾勒的画面之美，进而领略到音乐所传达的独特意境。充分利用学生已有的知识和经验，组织有效的学习活动，促使学生积极参与学习过程，让学习真实发生。借助"学习单"，充分调动学习主动性，培养学生通过想象和联想将文本转化为画面的能力，进而指导学生有感情朗读。通过"闪光点评价"活动，引导学生聚焦学习目标，再次通过想象和联想，将听到的音乐转化为画面进而变成文字表达出来。

作为学习的促进者，活动的组织者，教师精准定位教学目标，精心设计学习活动、提供学习资料。通过与学生共同制订小练笔的评价标准，应用形成性、多样化评价，促进课堂"教—学—评"一体化的实现。

八、教学过程

教学环节及时间	学习活动工具	学习目标	教学事件	教学策略与过程	评估反馈
导入启动 3分钟	乐曲欣赏	通过"听"初步感受音乐之美	1. 获得注意力； 2. 交代学习目标	1. 播放《月光曲》音乐片段，引导学生听后谈感受，初步获得音乐美的体验； 2. 提出挑战问题，为新课的呈现展开做好铺垫	观察学生是否进入学习状态，并调整

教学环节及时间	学习活动工具	学习目标	教学事件	教学策略与过程	评估反馈
呈现展开 15分钟	学习单	通过品味文字所描述的画面感受音乐的美妙	1. 呈现信息和事例； 2. 引导注意力	1. 帮助学生回忆第一课时的学习内容，PPT呈现课文第九自然段文字； 2. 画出文中描写皮鞋匠和妹妹想象的文字，聚焦皮鞋匠想象的三幅画面，抓重点词语进行圈点批注； 3. 借助学习单，引导学生从多角度想象课文第九自然段所描绘的画面； 4. 组织学生练习有感情朗读第九自然段	观察学生在活动中的状态，对遇到困难的小组进行概念澄清和纠偏
练习指导 17分钟	闪光点评价	听音乐，展开联想和想象，把想到的情景写下来	1. 指导学习策略； 2. 组织指导练习； 3. 提供反馈	1. 指导学生应用联想与想象的方法，制订"小练笔"评价标准； 2. 组织学生通过联想和想象把《寂静的山林》这首乐曲转化成画面，进而写成文字； 3. 小组中每人读自己的"小练笔"，其他人根据"评价标准"进行评价，把每组获得的三星的作品贴在"学习停车场"； 4. 欣赏"学习停车场"中的"小练笔"，每人发一张小贴纸，给自己认为最优秀的作品贴上贴纸	学生明确评价标准，鉴别学生完成"小练笔"的情况
结束收尾 5分钟	学习停车场	复习、总结本课学到的新方法	1. 做小结与复习； 2. 促进迁移应用	1. 总结回顾本课体会音乐美的方法——借助文字，想象画面； 2. 引导学生在课后听自己喜爱的音乐，展开想象和联想进行书面表达	明确作业成果标准和作业完成质量

九、学习活动工具

工具 闪光点评价

1. 工具含义

"闪光点评价"是指教师在教学过程中运用核心评价指标去引导、发现、强化和促进学生的闪光点表现的评价活动工具。使用这一评价工具，有助于引导学生之间挖掘优势、彼此欣赏、互相学习。

2. 工具用途

（1）引导学生聚焦学习目标。本课的教学目标之一是：听音乐，展开联想和想象，把所想到的情景写下来。应用"闪光点评价"这一活动工具，通过师生共同制订小练笔的评价标准，能够帮助学生明确学习目标，更加有效地促进学生的学习。

（2）及时强化学习效果。通过课堂观察、对话交流、小组分享、组间互相学习等方式，收集和整理学生语文学习的过程性表现，及时强化学习效果。学生对照评价标准可以发现自己在学习中取得的进步和存在的不足，总结经验教训，调整学习策略。通过把作品张贴到"学习停车场"，能让小练笔发挥更大的价值，对于学生来说，每一份小练笔都成了一份学习资源，更多的同学通过学习别人的"闪光点"，促进对自己学习效果的反思，提升了运用语言的能力。

（3）实现增值评价。闪光点评价关注学生个体的进步幅度，增强学习动机与兴趣。同伴评价更能令学生接受并产生成就感。同伴的肯定对学生来说无疑是一种促进和鼓舞，即使是同伴提出的建议和不足，也能促使学生主动进行自我反思和改进，从而使他们更加积极主动地投入学习。

"闪光点评价"
微课活动案例

3. 工具样例展示与微课活动案例

教师指导学生运用联想与想象的方法，制订"小练笔"评价标准，见表 4-2。

表 4-2 "小练笔"评价标准样例

"小练笔"评价标准	
符合音乐意境	★
展开想象联想	★★★
内容充满美感	★★

4. 工具运用流程（图4-7）

（1）学生根据授课内容独立完成小练笔。

（2）每位成员向小组其他同学展示自己的小练笔，成员们认真阅读其作品。

（3）对照写作前师生共同讨论的评价标准，讨论该生的优势和不足。

（4）将改进后的练习结果贴在班级的"学习停车场"里，全班同学每人一张贴纸，选出自己认为最符合要求的作品，为该作品贴上贴纸。

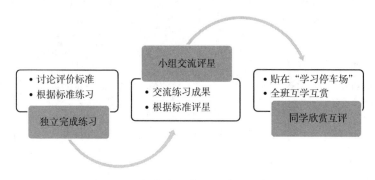

图4-7 "闪光点评价"工具运用流程图

5. 工具应用效果反思

通过使用"闪光点评价"这个活动工具，教师与学生共同讨论出小练笔的评价标准。在写完后，不需要老师过多点评，学生完全可以通过小组交流，对照评价标准，知道自己的小练笔存在的优势和不足，在和组员的分享交流中，改进和完善自己的作品。将作品张贴到"学习停车场"这个做法，把学生的作业当作了学习材料，不但可以使其他同学学习和借鉴，内化评价标准，把握评价尺度，而且也使学生获得更多同学的肯定和鼓励，激励他们主动积极地进行学习。这个活动，增强了学生的学习兴趣，创造了更多生生交流的机会，提高了学生的反思和自我评价能力，是一个帮助学生主动建构知识、促进自我发展的优质工具。

6. 工具适用范围与建议

本工具几乎可以应用在各个年级、所有学科、任何课型中。建议安排在练习指导后，学生在小组中对照之前共同商定的评价标准完成练习，并进行交流、讨论，将不足之处进行修改完善，将作品张贴到"学习停车场"里。接下来，小组之间进行欣赏借鉴，使学生得到鼓舞和激励，同时，在欣赏别人作品的过程中，知道自己还有哪些尚待提升的空间，明确自己下一阶段努力的方向。

十、板书设计

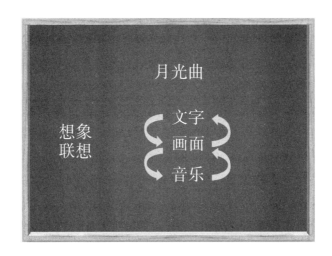

◆ 教学反思：基于"教—学—评"一体化理念，开展"闪光点评价"活动

《义务教育语文课程标准（2022年版）》特别强调"教—学—评"一体化的实施，指出教师应树立"教—学—评"一体化的意识，科学选择评价方式，妥善运用评价语言，注重鼓励学生，激发学习积极性。

所谓"教—学—评"一体化是指教学目标的设定、教学策略的采用以及教学成果的反馈评价三者之间的和谐、统一发展的过程。当今的小学语文课堂在落实"教—学—评"一体化的过程中存在着非常多的困难和挑战，具体表现有：①课堂评价盲目、随意，缺乏针对性，不能针对学习目标的达成度进行评价；②评价反馈低效，表现为评价方式单一、标准机械、语言笼统，缺乏针对性的建议；③评价滞后，不能适时运用评价获取的学习结果调控课堂。

在《月光曲》一课的课堂教学中，教师尝试应用"闪光点评价"的学习活动工具，立足学生发展，通过创设真实而富有意义的学习情境，设计挑战性任务，使"教—学—评"有机地融为一个整体，为语文核心素养的落实提供抓手。

1. 创设情境，力争有的放矢地"教"

语文教学是以学生的核心素养的培养为根本目的的，所以，找准学生的"最近发展区"，制订出可测量、可评价、具体而明确的教学目标，才能使学生真正投入到学习中去，提升语文素养，否则再"花团锦簇"的课堂，也不过是表面繁荣的师生一同做戏罢了。

以《月光曲》第二课时教学为例。本单元的语文要素是"借助语言文字展开想象，感受艺术之美"。考虑到学生已初步具备想象和联想画面的能力，但是由于课文是把一段乐曲想象成画面，对于他们来说是有一定难度的，因此可能会出现想象的画面不够连贯，在口头表述或是书面表达时缺乏美感的问题。基于他们的已有认知和可能会出现的困难，将目标定位为两方面：一是能读，借助语言文字想象课文第九自然段所描绘的画面，并有感情地朗读这一段；二是会写，通过听音乐，展开联想和想象，把想到的情景写下来。这样，目标确定下来后，再借助"闪光点评价"的课堂活动工具使之得以实施，既充分利用学生的已有知识和经验，又在此基础上发展了他们的表达能力；既关注了知识的内隐与外显之间的关系，又合理把握了课程的过程与结果，为落实核心素养提供了准确定位。

2. 以生为本，促使主动自觉地"学"

对第九自然段的感悟是本课教学的重点。教师通过引导品味、借助完善学习单及指导朗读，使学生品味这一段中重要的语句和富有表现力的语言，在文学体验中培养学生的想象力、提升审美情趣。

（1）独立学习，品词悟句。学生在充分自学、带着第一课时的理解和感悟的基础上，通过圈点、批注等多种方法记录自己的阅读感受和体验。

（2）借助表单，想象画面。引导学生从多个角度发挥想象力，完成学习单：想象画面，将借助文字想象出的画面变成优美简单的图画画在学习单上；想象旋律，结合文字和画面，想一想《月光曲》这首音乐的快慢、节奏会是怎样的；想象贝多芬弹奏时的动作……

（3）合作探究，提升认识。在经过个人的体验感悟后，四人一组进行分享，在与同学的交流中，他们都在主动建构着自己的知识体系，完善着自己的认知。学生在有意义的语文活动中，通过整体感知、联想想象，感受文学语言和形象的独特魅力，获得个性化的审美体验。

3. 注重过程，倡导形式多样地"评"

在练习指导环节，帮助学生将刚刚习得的这一方法进行巩固和提升，以检验他们是否已经掌握，并能活学活用——将听到的音乐想象成画面，再将画面用文字表达出来。这是本课学习的难点，更需要教师精心设计，为学生的语言表达提供支架。

（1）师生合作，共商标准。在动笔之前，师生共同讨论小练笔的评价标准，为下一个环节做好充分的铺垫。在明确的评价标准的指引下，学生知道了怎样的习作才是符合标准的，自己动笔时要向着怎样的方向努力。

（2）小组合作，互评互学。运用"闪光点评价"这一活动工具，学生之间互相学习、评价的氛围自然而然地产生了。当学生独立动笔完成小练笔后，先进行本组交流，每人读自己的小练笔，请同组同学帮忙点评，听一听小伙伴给自己提出的建议。根据评价标准，每组把获得三星的作品贴在"学习停车场"（教室侧面扎板上），并对没有获得三星的作品提出改进意见，帮助其他同学完善自己的作品，最终让小组里的每一个人都至少能达到一到两颗星。

（3）组际交流，人人进步。先达到标准的同学可以开始在"学习停车场"欣赏他人作品，如果写起来有困难的同学，也可以随时到"学习停车场"进行观摩、借鉴。写得好的同学，得到了大家的肯定，成就感十足；不会写的同学，根据需要可以随时到"学习停车场"借鉴他人的作品，并通过自己的努力和组员的帮助达到标准，也会产生实实在在的收获感。由于提高了"教—学—评"一体化的意识，关注了学生个体的进步幅度，因此每个同学都能在这堂课上体会到成功，他们学习的动力更足了。

"闪光点评价"是以学生为主体的评价活动，在这一学习活动中，将语言运用、思维能力、审美创造有机融合、共同发展，使学生在积极的语文实践活动中积累、建构，并在真实的语言运用情境中提升语文素养。

◆ 专家点评

文学的审美体验离不开语言文字的感知过程，学生进入真实的文本语境，通过听觉、视觉等多种方式感知文字符号，调动已有的知识和个人经验，达到对文本初步的感知，形成表层体验，获得对所读内容的整体感受。整体感受就是要感受语言文字的美，感悟作品的思想内涵和艺术价值；整体感受是积极的感受，需要结合自己的经验，理解、欣赏和初步评价语言文字作品，丰富自己的情感体验和精神世界；整体感受需要教师借助语文实践活动，带领学生积极感受体验；整体感受的落脚点是形成学生个性化的审美体验。

本节课通过系列学习活动，设计多样的学习工具，在三个方面促进了学生"审美创造"素养的发展：一是审美经验，即学生通过感受、理解、欣赏、评价语言文字及作品，获得较为丰富的美感；二是审美能力，具有初步感受美、发现美和运用语言文字表现美、创造美的能力；三是审美意识与审美观念，重在启迪心智，温润心灵，涵养高雅情趣。文学的学习起点在于整体感知、获得审美体验，加工过程离不开审美鉴赏、提高审美品位，终点是要进行表达创作、实现审美创造。在整体设计上，本节课的两个目标比较好地回应了义务教育语文课程培养的核心素养，为学生提供了阅读与鉴赏的基本路径，有助于学生建构阅读策略。

（课例指导与点评专家：吴欣歆教授　北京师范大学）

第五章

"以学生为本"的教学设计：小学英语

案例 7

小学二年级新授课：How do you go to school?

基本教学信息

学科：英语　　课名：How do you go to school?　　年级：二年级

学生人数：36　课型：☑新授课 □复习课
　　　　　　　　☑单科课 □跨科课

◆ **《义务教育英语课程标准（2022 年版）》内容摘录**

"低年级（1～2 年级）学生刚开始接触英语，语言学习以视、听、说为主。课堂上要创设良好的学习氛围，提供自然、地道的视听语言输入，引导学生注意倾听、乐于模仿、大胆表达，帮助学生在理解意义的前提下，初步积累听说词汇，积极开展简单的日常交流，培养良好的学习习惯。"

◆ **教学设计**

一、课标要求分析

英语学科的学习离不开语言、文化和思维，因此，《义务教育英语课程标准（2022 年版）》将语言能力、文化品格、思维品质和学习能力列为英语学科的四大核心素养，并在教学提示中提出"注重学生的体验、感知和实践，激发低年级学生的英语学习兴趣，保持他们学习的注意力。采用以激励为主的评价方式，鼓励学生大胆开口、乐于参与学习活动"。依托相关理论知识，课堂上课本的反复听、看、读促进学生英语语言的表达，培养良好的学习习惯；学生在独立思考以及小组合作学习活动中感知、学习、记住相关的出行的交通方式并将所学迁运用到实际生活中；应用"学习路径图"这个工具将评价贯穿始终，调动学生学习英语的积极性，帮助学生增强自信心，获得成就感。《义务教育英语课程标准（2022年版）》在课程实施的教学建议中提出坚持育人为本，在本课学习过程中，教师自然渗透绿色出行、安全出行的观念。

二、学习内容分析

What：依据新课标，外研版小学英语二年级上册（一年级起点）第七模块属于"人与自我"和"人与自然"范畴，涉及"生活与学习"和"环境保护"的主题群，单元主题为"Transportation"。本模块的话题是交通方式。Unit 1的课文情境是 Lingling 和 Amy 在房间聊天，互相询问通过哪种交通方式去上学，并谈论到 Lingling 爸爸的上班方式和 Tom 的上学方式。

Why：课本对话内容使学生思考自己及家人常用的出行交通方式，能够用英语表达；获得绿色出行、安全出行的意识。

How：该对话涉及介绍日常生活中的交通工具和出行方式，如 train，bus，bike，car，walk，by bus，by bike，by car；交流出行时使用的核心语言，如"How do you go to school? I walk to school/ I go to school……"该对话情节简单，易于理解，具有现实意义和教育意义。

三、学生情况分析

（1）已有认知基础：大部分学生对英语学习有了浓厚的兴趣，也有了一定的语言基础。在前几个模块中，学生已经学习了一些常用短语表达自己要做的事情，巩固培养良好的英语学习习惯、提高学生的学习兴趣仍然是重点。

（2）主题内容学习的发展需求：多数学生会说交通工具单词 car，bus，bike 等，但不能正确表达交通方式，如 by bus，by car，以及不能用完整句型表达如何去上学。

（3）满足学生发展需求的路径：教师询问了班级所有学生上学的交通方式，除了有课本中提到的走路、坐公共汽车、骑自行车和坐汽车外，学生还会选择坐电动车以及地铁去上学，教师可以在课本知识学完后有针对性地补充交通方式。

四、学习目标

通过本课时的学习，学生能够：

（1）在视、听、说的活动中，获取、理解、表达对话中谈及的交通方式。（学习理解）

（2）在教师的帮助下，分角色表演对话。（应用实践）

（3）应用"How do you go to school?"进行询问，在作出真实回答中形成绿色出行、安全出行的意识。（迁移创新）

五、学习重点

（1）在视、听、说的活动中，获取、理解、表达对话中谈及的交通方式。

（2）在教师的帮助下，分角色表演对话。

落实措施：学生通过多次的原音输入以及在教师的引导下，准确、地道地输出语言；学生带着不同的任务观看视频，通过独立思考及通力合作的方式完成任务，进而主动获取、理解、表达文本内容；教师走进小组，观察、鼓励、适当给予学生帮助。

六、学习难点

学生能够应用"How do you go to school?"进行询问，并作出真实回答。

突破措施：在学习理解及应用实践后，教师创设情境，学生通过完成"I am an interviewer（我是采访家）"活动，在真实的情境中操练所学语言，做到学以致用。

七、设计思路

基于"以学生为本"的教学原则，本节课在教学设计上充分考虑了学生的学习需求和学习爱好，课堂中使用活动或资料帮助、激励学生挑战自我，教师充当学习的促进者，而不是知识的呈现者。这与新课标中强调的凸显学生主体地位的理念相吻合。

为了激励学生参与、满足学生的学习需求，教师设计了多个学习单，课堂上更多的是学生通过独立思考以及合作学习的方式完成本堂课的活动工具之一，即任务接力。这使得学生的自主学习能力得到提升，合作意识得以增强。为了激发学生的学习兴趣、了解学习目标以及使学习进程可视化，教师设计了"学习路径图"这个活动工具。课堂上，教师更多地把时间交给学生，适时地走进学生中间，进行小组倾听、观察、给予鼓励及适度引导，而后进行小结，教师充当了知识的促进者。

八、教学过程

教学环节及时间	学习活动工具	学习目标	教学事件	教学策略与过程	评估反馈
导入启动 7分钟	学习路径图	激发兴趣，明确任务	获取注意力	了解"学习路径图"，唤醒学习兴趣	观察学生状态
	学习单	复习旧知，铺垫新知	1. 帮助回忆旧知；2. 获取注意力	1. 看图预测对话；2. 看动画，感知交通工具及其拟声词，模仿对话；3. 听声音猜测交通工具	1. 观察学生学习状态；2. 鼓励、引导学生
呈现展开 18分钟	学习路径图；任务接力	独立思考、通力合作，理解文本	1. 呈现信息和事例；2. 引导注意力	1. 预测对话、看视频验证预测；2. 再看视频，通过独立思考以及通力合作的方式，完成任务接力；3. 汇报、听教师小结，为初步练习和应用做准备；4. 模仿、朗读故事，角色扮演	1. 对学生的回答给予肯定、指引及鼓励；2. 学生独立思考或合作时，教师观察学生或走进小组，适时给予肯定或指引
练习指导 13分钟	学习路径图；任务接力	实践操练，学以致用	1. 组织、指导练习；2. 促进迁移与应用	1. 巩固所学，进行对话练习；2. 在教师创设的活动情境下进行拓展练习。生生间相互采访，我问你答	教师观察、走进学生中间进行肯定、鼓励，适时反馈指导
结束收尾 2分钟	学习路径图	概括总结，强化认识	1. 复习与小结；2. 再次进行激励	1. 归纳知识点；2. 依据路径图，听教师总结、激励；3. 完成自我评价单	1. 反馈评比结果；2. 通过评价单比较客观地了解学生学习情况

九、学习活动工具

工具1 学习路径图

1. 工具含义

"学习路径图"是以任务驱动为形式的活动工具，以学习任务的完成为目标。

课堂伊始，学生通过看路径图可以清楚地了解阶段性任务安排。随着课堂的进展，学生依次完成任务，最终到达终点。下课前，教师反馈，促进学生自主总结、评价。学生在获得知识与技能的同时，体验收获的快乐与成就感。这个活动工具很好地激发了学生的学习热情及主动意识。

2. 工具用途

（1）提升目标意识 。

（2）使学习进度可视化。

（3）以教师反馈促学生自我评价。

"学习路径图"
微课活动案例

3. 工具样例展示（图 5-1）与微课活动案例

  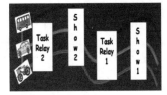

（a）活动前　　　　　　（b）活动中　　　　　　（c）活动后

图 5-1　　"学习路径图"活动前后样例展示

4. 工具运用流程（图 5-2）

（1）介绍工具使用规则。

（2）按照工具使用规则实时更新"学习路径图"。

（3）依据"学习路径图"进行评价与反馈。

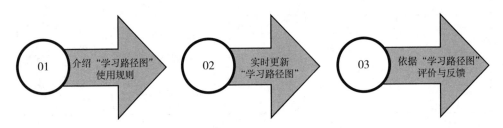

图 5-2　　"学习路径图"工具运用流程图

5. 工具应用效果反思

在使用了"学习路径图"活动工具后，学生学习目标明晰，学习进程直观、可视化，学生学习热情高、状态好，课堂学习效率提升。教师在学习过程中始终关注个体、小组的学习情况和状态，使得评价更为客观。

6. 工具适用范围与建议

年级	学科	人数	课型	教学环节
□高	☑语文	□2人小组	☑新授课	☑导入启动
□中	☑数学	☑4人小组	☑复习课	☑呈现展开
□低	☑英语	☑6人小组	☑活动课	☑练习指导
☑全部	☑其他	☑全班	☑其他	☑复习总结
				☑评估反馈

建议活动设计要简单、清晰、明了，使学生好理解，教师好操作。在完成一个阶段的任务后，教师进行简单小结。

工具2 任务接力

1. 工具含义

任务接力，就是在某一教学环节中，如呈现展开或是练习指导环节等，教师布置一个学习任务，任务指向学习理解或是实践应用或是迁移创新，学生通过独立思考或与伙伴通力合作的方式完成任务。一个任务完成后，再得到另一个任务，以此类推。通常情况下，任务与任务间有一定的递进关系，如从简单到复杂的递进、学习内容的递进等，指向目标的达成。

2. 工具用途

（1）培养学生主动学习、合作的意识。

（2）任务间的关联递进，促进学生思维连贯、持续地发展。

3. 工具样例展示与微课活动案例

（1）任务接力1（呈现展开）：由任务卡1.1（图5-3）、任务卡1.2（图5-4）、任务卡1.3三部分组成。

任务卡1.3图略。

（2）任务接力2（练习指导）：由任务卡2.1、任务卡2.2、任务卡2.3（图5-5）三部分组成。

"任务接力"微课
活动案例

任务卡2.1：If you want to know how teacher Kelly goes to school, what will you ask? （图略）

任务卡2.2：How do you go to school? Ask and answer in your group. （图略）

任务卡2.3：I'm an interviewer. （我是采访员）

Task 1.1: Choose the right answer and tick（√）

How does Lingling/ Amy/ Tom go to school?

How does Lingling's father go to work?

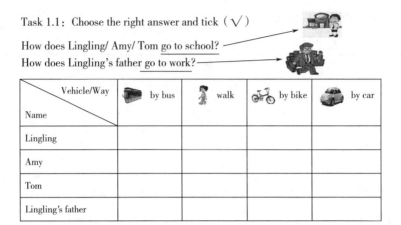

Vehicle/Way Name	by bus	walk	by bike	by car
Lingling				
Amy				
Tom				
Lingling's father				

图 5-3　任务卡 1.1：在正确的交通方式下打钩

Task 1.2: Fill in the blanks.

图 5-4　任务卡 1.2：选择合适的答语及图片，将字母标号填到横线处

Task 2.3: I'm an interviewer.（我是采访员。）

图 5-5　任务卡 2.3："我是采访员"

4. 工具运用流程（图5-6）

（1）组长找老师领取任务1卡片，然后回到小组和组员共读任务，按任务要求进行独立思考或通力合作完成任务1；

（2）任务1完成后组长选派一名组员找老师领取任务2卡片；

（3）任务2完成后选派另一名组员找老师领取任务3卡片；

（4）任务3完成后回座位坐好举手示意老师（如任务多于3个，以此类推）。

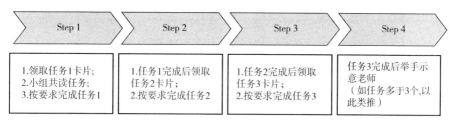

图5-6　"任务接力"工具运用流程图

5. 工具应用效果反思

在使用了"任务接力"活动工具后，学生学习主动性强，热情高、状态好，课堂学习效率大大提升。学生课下反馈很喜欢这个活动工具。Angela说："我喜欢任务接力这个活动，通过自己思考和伙伴合作的方式学得知识，太有成就感了！"Michael在课堂上完成任务后兴奋地说："真有趣，还想再有下一个任务。"

这个活动的目的是对语言的应用。试讲时，教师发现有的同学为了快速完成任务，就直接用中文问答了，失去了活动的意义。因此，教师在交代任务时要说清楚活动目的，提醒学生不必着急完成任务，而是与伙伴进行英语交流；在活动前，可以以小组的形式先一起读读自己的任务单，遇到问题时，伙伴间互相帮助，解决问题，再进行活动时就会更加通畅。

6. 工具适用范围与建议

年级	学科	人数	课型	教学环节
□高	☑语文	□2人小组	☑新授课	☑导入启动
□中	☑数学	☑4人小组	☑复习课	☑呈现展开
□低	☑英语	☑6人小组	☑活动课	☑练习指导
☑全部	☑其他	☑全班	☑其他	☑复习总结
				☑评估反馈

建议学生在进行学习任务时，教师要走到学生身旁或小组中观看学生学习、合作情况，适时给予鼓励或指引。

十、板书设计

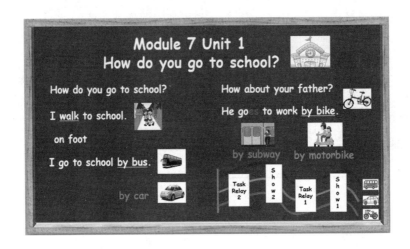

◆ 教学反思：以"任务接力"活动让"以学生为本"的课堂真实发生

《义务教育课程方案（2022年版）》主张"创建以学习者为中心的学习环境，凸显学生学习的主体地位，开展差异化教学，加强个别化辅导，满足学生多样化学习需求"。当前小学英语课堂主要问题在于教师过多讲、学生被动学，这使得学生失去独立思考、主动学习的机会，他们很难体会到学习的乐趣和真正意义。

针对外研版二年级上册英语教材 Module 7 Unit 1 "How do you go to school?"的课文，如何运用"以学生为本"设计激发学生兴趣的活动，既能让学生反复输入、操练目标语言，发展学生的语言运用能力；又能让学生勤于动脑、善于思考、发现，培养学生的思维能力？笔者通过学生独立思考以及小组合作的有机结合，设计了"任务接力"的活动工具。

在这堂课中，笔者分别在呈现展开和练习指导部分设计了任务接力。在呈现展开部分设计了三个任务：第一个任务是学生初看视频，独立完成学习单1（任务卡1.1）——在正确的交通方式下打钩，这是了解大意的任务；第二个任务是学生再看视频，独立完成学习单2（任务卡1.2）——选择合适的答语及图片，将字母标号填到横线处，这是细节理解的任务；第三个任务是完成学习单 3（任务卡 1.3）——和小组的伙伴先讨论学习单 1 及学习单 2 的答案，然后圈出文中的交通方式并试着朗读课文。学生在协同合作中，学习课本新知，理解重点内容。在练习指导部分，笔者同样设计了三个任务：首先，请学生询问老师的出行方式（任务卡 2.1）；然后，老师询问学生是如何上学的（任务卡 2.2），在小组中各自表达自己的上学方式，这是从课本知识迁移到实际生活中；接下来学生进行活动（任务卡 2.3）。在活动前，先以小组的形式一起读读自己的学习单，遇到问题，伙伴间互相帮助，解决问题。然后学生按照学习单上的名字找到伙伴，并询问伙伴问题。随后，填好学习单。任务完成后，回到座位，与组员分享采访心得。

课后，孩子们依旧非常兴奋，他们喜欢这样的课堂氛围。教师引领，学生在活动中习得语言、收获知识，发展语言技能。依照本课目标的设定，笔者对这堂课进行客观评价。本课时设计了三个教学目标：在视、听、说的活动中，获取、理解、表达对话中谈及的交通方式；在教师的帮助下，分角色表演对话；应用"How do you go to school?"进行询问，并作出真实回答以及获得绿色出行、安全出行的强化意识。通过学习理解、应用实践以及迁移创新等活动，学生很好完成了以上目标。围绕教学目标，笔者设计了学生课后自评单。通过统计学生的反馈单，笔者欣喜地发现所有同学都可以理解、朗读文章，并能在真实情境中询问并作出回答，同学们反映喜欢这样的课堂。再聚焦到两个任务接力的目标：理解、表达上学、上班的交通方式以及巩固和强化本课重点内容并学以致用，它们是包含在本课的教学目标中的，可以说本堂课学生知识掌握得非常扎实。

借助"任务接力"活动，让"以学生为本"的课堂真实发生，笔者进行了以下几点思考：

1. 以教师主导体现学生主体地位，缔造活力课堂

小学英语课堂教学中，要充分发挥学生的主体性，需要教师发挥主导作用，组织、引导、帮助学生开展自主学习，把传统的"满堂灌"转变为学生的"满堂学"，促进学生积极主动地学，培养学生自学能力、独立思考能力，使学生能在教师的指导下发现问题、分析问题、解决问题，并在这个过程中建构知识、习得语言、获得体验，成为学习的主人。

在呈现展开、练习指导部分，教师设计了"任务接力"活动，这使得学生成为学习的主体，完成具有挑战性的学习任务，习得语言、收获乐趣、知识。教师更多的是观察、倾听、鼓励、引导或者是纠正，起到了主导作用。反思课堂，虽

然孩子们只有二年级，但他们已经能够独立思考或是与伙伴合作完成任务，表现非常棒，过程中培养了他们独立思考以及与伙伴协同、合作的能力。以教师为主导、学生为主体的课堂有利于学生的成长，使得他们真正成为课堂的主人。

2. 课堂活动的精心设计，让学生在探究的舞台上尽显身手

"活动"二字在新课标中反复出现，多达 200 余次，如"英语学习活动观秉持在体验中学习、在实践中运用、在迁移中创新的学习理念"，又如"根据学生基于主题的已知与未知，确定教学目标和教学重难点，为设计教与学的活动提供依据"，再如"课程实施中的评价活动有多种，如课堂评价、作业评价、单元评价以及期末评价。教师要抓住重点环节，发挥好教学评价的效果"等，它们说明了课堂活动可以促进学生英语语言学习及应用，激发学生的学习兴趣，是在课堂教学中践行"以学生为本"理念的主要载体。

教师在本节课的呈现展开和练习指导环节中分别设计了"任务接力"活动，根据学生的年龄特点以及认知水平，结合教学目标，设计了由浅入深、关联递进且形式多样的学习活动，做到了充分信任学生，为学生创造自主探究的机会，让学生在探究的舞台上尽展身手。把"教英语"变成学生自主地"学英语"。课堂上更多地运用鼓励性评价激励学生学习知识和培养学生深入探究的兴趣。这非常贴合新课标中提到的"教学评价有助于学生不断体验英语学习的进步和成功，更加全面地认识自我、发现自我，保持并提高英语学习的兴趣和自信心；有助于教师获取英语教学的反馈信息，对自己的教学行为和效果进行反思，不断提高教学水平和专业能力，进而提升课程育人质量"。

3. 给足学生时间与空间，让智慧精彩绽放

要想上好一堂课，教师的备课至关重要。通过查阅赖建青老师研究的课题与实验《英语教师备课的空间维度和时间维度》，笔者了解到英语教师备课存在空间和时间维度。从时间维度看，结合学情，进行了预备课、首次备课、二次备课及课前、课中、课后备课；从空间维度看，仍然结合学情，做到了备大纲、备教材、备学生、课进度以及备内容。

不仅课前备课存在时间、空间维度，课堂上也要考虑如何分配和利用时间，如何打造空间和利用空间。教师在 40 分钟课堂时间里积极为学生搭建活动平台并组织有效的学习活动。这一堂课有将近 25 分钟是在学生独立思考或是与伙伴协同合作、交互中度过的。对于教师而言，课堂的空间就是整个教室，包括讲台、黑板、教学平台；对于学生来说，各种学习平台就是他们的活动空间，这堂课涉及到学习单交流、讨论的平台，到班级前面分享交流的平台和对话展示的平

台，课堂空间多半是属于学生的，这使得他们有足够的空间发展潜能、展示才华。学生的精彩绽放令笔者惊喜、欣慰。

德国教育家第斯多惠说过："教育的艺术不在于本领，而在于激励、唤醒和鼓励。"叶澜教授提出的"新基础教育实验"提出了四个"还给"：把课堂还给学生，让课堂焕发生命的活力；把班级还给学生，让班级充满成长的气息；把创造还给教师，让教育充满智慧的挑战；把精神发展的主动权还给师生，让学校充满勃勃生机。英语教师可以借助任务接力，通过创设更多丰富、有趣味且有意义的课堂活动工具，使得学生成为课堂的主人，让"以学生为本"的课堂真实发生！

◆ 专家点评

本课依据英语新课标的教学理念进行设计与实施，较好地体现了"以学生为本"（SCL）的教学原则。

1. 基于学情确定教学目标和教学资源

本课依据课标理念，对教学文本内容从 what，why，how 三个方面做了分析，并有针对性地分析了学生的已有基础和发展需求，确定教学目标。教师依据学生的生活经验，针对性地补充了含有电动车、地铁等交通方式的教学资源，使学习内容更加贴近学生的真实生活情境，满足其发展需要。

2. 学习过程和学习活动符合学生的认知特点和外语学习规律

（1）教师依据二年级学生的认知水平，遵循语言学习规律，运用视频、音频等学习资源，给学生充分的语言输入，引导学生进行模仿表达，激发学生的学习兴趣，提升其语言能力。

（2）根据低年级学生活泼好动、喜欢趣味活动、喜欢合作交流的学习特点，教师创设真实的情境，通过"I am an interviewer"活动，引导学生学以致用，突破学习难点。

（3）运用多种 SCL 工具激励学生参与。教师通过从简单到复杂的任务接力活动激励、挑战学生积极参与；运用学习路径图使学生明确学习目标，积极参与，并在教师的引导下针对目标进行总结评价，提升学习目标意识。

3. 教师充当学习的促进者，提升教学实效

本课中教师充分发挥了主导作用，合理地把时间交给学生，适时进行小组观察，在倾听中给予鼓励并适度引导、评价、总结，较好地达成教学目标。

（课例指导与点评专家：李宝荣教授　北京教育学院）

案例 8
小学五年级复习课：My favourite festival

基本教学信息

学科：英语	课名：My favourite festival	年级：五年级
学生人数：35	课型：☐新授课 ☑复习课 ☑单科课 ☐跨科课	

◆ **《义务教育英语课程标准（2022年版）》内容摘录**

"坚持育人为本。教师要把落实立德树人作为英语教学的根本任务……引导学生在学习和运用英语的过程中，了解不同国家的风土人情、文化历史，以及科技、艺术等方面的优秀成果，进行中外文化比较分析，拓宽国际视野，加深中华文化理解，增强中华文化认同感。"

◆ **教学设计**

一、课标要求分析

《义务教育英语课程标准（2022年版）》中指出："英语课程内容由主题、语篇、语言知识、文化知识、语言技能和学习策略等要素构成。"其中，五、六年级学生的文化知识（二级）内容要求包括"中外重大节日的名称、时间、庆祝方式及其意涵"。五、六年级学生的学习策略中认知策略（二级）内容要求包括

"借助图表、思维导图等工具归纳、整理所学内容"。义务教育英语课程体现工具性和人文性的统一，具有基础性、实践性和综合性特征。学习和运用英语有助于学生了解不同文化，比较文化异同，汲取文化精华，逐步形成跨文化沟通与交流的意识和能力。依据课标中的理念和教学建议，本课旨在提升学生语言能力的同时，培养学生的文化意识，坚定文化自信，让学生在英语学习过程中，加深对中华文化的理解和认同。

二、学习内容分析

本节课的教学内容是北京版小学英语五年级上册教材中的 Unit 3 Lesson 12 My favourite festival。本单元的主题为"节日"，新授课中的三个语篇分别为 Lesson 9 学习中秋节的日期和食物、Lesson 10 学习重阳节的日期和习俗以及 Lesson 11 学习西方万圣节的日期和习俗，Lesson 12 为本单元复习课，单元内各课围绕单元主题展开，谈论中国传统节日和西方国家节日，各课之间既相对独立，又相互关联。

本节课的主要教学内容是"节日"，属于"人与社会"范畴，对应到课标主题内容要求（二级）具体子主题内容为"世界主要国家的传统节日，文化体验"。本课主要通过课堂活动来复习功能句型"When is..." "Can you tell me more about..." "What do people do on..." 评价学生是否能熟练应用之前所学功能句来描述中西方节日的名称和习俗，例如 Halloween，Christmas，Thanksgiving，the Spring Festival，the Mid-Autumn Festival 等。

三、学生情况分析

北京版小学英语一年级学过 Happy Holidays，二年级学过 It's Christmas Day，三年级学过 When is Thanksgiving? I like Jiaozi best，四年级学过 Is May day a holiday? 根据已有知识学习，学生能够比较流利地表达中西方节日的名称和日期，对于春节、国庆节、感恩节、儿童节等节日有初步了解，所以对"节日"话题并不陌生。在本单元前三课时中，学生已经学过 Halloween，Christmas，Thanksgiving，the Spring Festival，the Mid-Autumn Festival 等节日词汇，并学习了"When is..." "Can you tell me more about..." 等功能句型。

本班学生英语学习总体情况较好，大部分学生有良好的英语学习习惯、听讲习惯，回答问题也很积极，但是部分学生口语表达能力较弱，需要教师给予及时引导。本课将通过"Which festival do you like best?" "Why?" "I like..., because..."等问题的讨论以及小组合作学习,促进生生之间的交流,给更多学生口语表达的机会。同时,明确小组分工,促进学生互学互助,提升运用所学表达的能力。

四、学习目标

通过本节课学习,学生能够:

(1)用"Which is your favourite festival?""When is..."询问是否喜爱某一节日,并根据自身情况用"I like...best""It's on..."作出回答,进一步阐述喜欢某一节日(Christmas,Thanksgiving,the Spring Festival,the Mid-Autumn Festival)的原因,并说出相应的庆祝活动。(应用实践)

(2)借助图表、思维导图等工具归纳、整理所学内容,并运用语言。(迁移创新)

(3)进一步了解中国和英语国家的重要传统节日,如饮食、传统活动等,并初步具有比较中外文化异同的意识和能力。(迁移创新)

五、学习重点

能用"Which is your favourite festival?""When is..."询问是否喜爱某一节日,并根据自身情况用"I like...best""It's on..."做出回答,进一步阐述喜欢某一节日的原因,并说出相应的庆祝活动。

重点落实措施:通过两人速配进行对话创编,四人一小组合作学习,滚雪球式完成如图5-7所示的学习单。

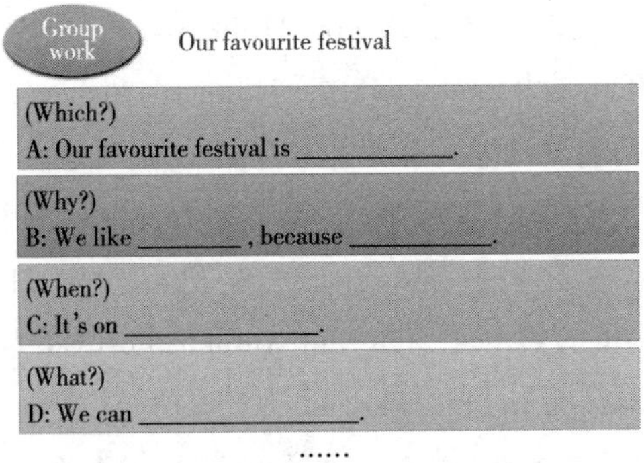

图5-7 "头脑风暴"学习任务单示例

六、学习难点

在学习活动中自己绘制气泡图，并使用气泡图表达自己的观点，是学习难点。

难点突破措施：教师示范板书，搭建思维导图框架，引导学生在小组中与他人合作，共同完成学习任务，通过组织"大使出游"活动，帮助学生完善自己的气泡图。

七、设计思路

本课在设计时遵循以学生为本的教学原则，运用形成性评价、同学互评和自我评价激励、帮助学生学习。同伴互评以及教师评价贯穿始终，在黑板上留出左侧位置做教学过程反馈，利用小贴图提高学生积极性，每个教学环节小组的活动之后可以及时对学生评价，也可以提示学生课程进度，在用"发散气泡"小工具时，学生在小组中可以互评，在本节课结尾前让学生做自评，总结本节课重点内容。以上策略激励学生积极参与到整个学习过程，学会学习、学会合作，提升学习效果。图5-8是学生自评表的形式。

图 5-8　学生自评表示例

八、教学过程

教学环节及时间	学习活动工具	学习目标	教学事件	教学策略与过程	评估反馈
导入启动 3分钟	点击灯笼； 歌曲演唱	复习 旧知	获得注意力	1. 教师介绍本节课的评价与反馈机制； 2. 引出"节日"这一单元话题	

教学环节及时间	学习活动工具	学习目标	教学事件	教学策略与过程	评估反馈
呈现展开 17分钟	图片速配	提取功能句型	1. 呈现信息和事例; 2. 引导注意力; 3. 帮助回忆旧知	学生活动: (1) 复现西方节日名称; (2) 同桌速配,介绍传统节日; (3) 图片速配,回顾中秋节的节日习俗	学生回答问题后,给予评价,小组积分
练习指导 15分钟	头脑风暴; 发散气泡; 大使出游; 世界咖啡	选出自己最喜欢的节日	1. 指导学习策略; 2. 组织指导练习; 3. 提供反馈	1. 教师创设情境,贴出板书,引导小组讨论,介绍一个中国传统节日; 2. 学生活动: Task 1:介绍自己最喜欢的传统节日; Task 2:各组抽签,绘制思维导图,小组完成作品; Task 3:大使出游,向其他小组展示本组的思维导图; Task 4:世界咖啡,组间互评,给建议; Task 5:全班展示,介绍本组的思维导图内容,说明相关节日信息	小组任务完成后,全班反馈,小组积分
结束 收尾 5分钟	交换卡片	复习总结	1. 做小结与复习; 2. 再次激励与结课	1. 写祝福卡片; 2. 联系生活实际谈论节日	下课时布置学生自评表,课后完成

九、学习活动工具

工具 发散气泡

1. 工具含义

"发散气泡"是以思维导图为载体的教学活动工具,是放射性思维的表达方式。学生可以围绕一个中心主题，从中央主干向四周放射关联的分支，并用关键词或图形对分支进行标识，充分利用色彩和字体的变化将思维的过程可视化。

2. 工具用途

创设语言情境。让相关话题保持连贯性，使学生在有趣的情境中整体操练和巩固语言，保持单词、句子和语篇之间的联系。帮学生梳理、归纳和总结知识点，在对所学内容强化巩固重难点的基础上融会贯通，从而促进学生综合语言运用能力的提升。本节课重在让学生绘制气泡图，选择自己最喜欢的节日，运用功能句型介绍节日相关的名称、日期及习俗，表达自己喜欢这一节日的原因并和同伴进行分享。

3. 工具样例展示与微课活动案例

工具制作说明："发散气泡"所使用的导学单没有特定格式，可以根据教学内容自主设计。思维导图支架呈现的内容必须是相互关联的，可以是反映共同主题的内容（图5-9）。

"发散气泡"微课
活动案例

（a）根据主题词内容制作的发散气泡图

（b）与主题词内容相关联的分支

（c）完善气泡图

图 5-9 "发散气泡"图样例

4. 工具运用流程（图 5-10）

（1）活动准备。可以 4 人一组，发放给学生气泡图模板，推荐讨论主持人，做好小组讨论活动准备。

（2）组内分工。小组内确定组员的书写、绘画、讨论、轮流主持等任务。

（3）讨论完善。教师提出一个讨论话题，小组讨论，负责主持的学生（可轮流）在模板上逐一写下需要决策的项目。首先确定主题词（也可以由教师给出主题词）。然后，参与者对主题词进行发散，绘出分支，进行讨论。根据讨论过程中的发言情况，结束前，负责主持的学生（可轮流）梳理汇总本组的"发散气泡"图，进行补充。

（4）展示交流。讨论结束，推荐一位学生代表小组发言，提交本组"发散气泡"卡片，教师组织全班交流。

如图 5-10 所示。

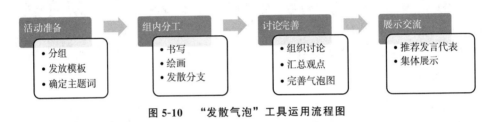

图 5-10　"发散气泡"工具运用流程图

5. 工具应用效果反思

教师布置有关发散气泡图的作业，引导学生通过气泡图来复习单元话题的相关语言知识，课后学生自评。课后学生进行了思维导图的制作，根据思维导图结构化地说出自己最喜欢的节日、时间、庆祝活动、意义及喜欢的原因。教师可以布置一些综合性作业，还可以在课上运用思维导图式板书给学生提供范例，课后让学生尝试自己绘制思维导图、树状图等，学完本单元之后，学生们根据单元主题自己绘制思维导图，总结单元知识点，为语言积累和输出提供了丰富的素材，这样将知识立体地呈现在作业中，学生不再感到枯燥乏味，写作业的兴趣也提高了不少。

6. 工具适用范围与建议

年级	学科	人数	课型	教学环节
☑高	☑语文	☑2 人小组	☑新授课	□导入启动
☑中	☑数学	☑4 人小组	☑复习课	□呈现展开
□低	□英语	☑6 人小组	☑活动课	☑练习指导
□全部	☑其他	□全班	□其他	☑复习总结
				□评估反馈

"发散气泡"活动的使用最好在中高年级进行，学科不限，新授课或复习课均可使用，在练习指导和复习总结的教学环节也可使用。教师可根据学情设计难易程度不同的发散气泡图，内容可以结合学科知识点进行调整。例如，英语学科可将课文话题制作成气泡图框架，在复习总结环节开展活动，能够帮助学生有效识记相关内容。再如语文学科，可以将习作主题作为关键词制作成气泡图框架，在呈现展开或练习指导环节开展活动，让学生在发散思维的过程中找到自己的习作观点，提供更多的细节写作素材。

十、板书设计

◈ 教学反思：借助思维可视化工具，促语言和思维融合发展

思维可视化工具主要指各种思维图示，用到的思维导图是思维可视化工具的一种。除气泡图外，思维可视化工具还有圆圈图、树形图、括号图、流程图等。这些工具用在小学英语教学课堂上可以解决知识碎片化、学生学习兴趣低的问题。《义务教育英语课程标准（2022年版）》中对于五、六年级学生的认知策略二级目标要求包括"借助图表、思维导图等工具归纳、整理所学内容"。下面就以小学五年级英语课"My favourite festival"为例，探讨借助思维可视化工具提升学生思维品质的实践策略。

1. 绘制发散气泡，拓展文化知识

在小学英语课堂中，教师可以引导学生围绕所学的主题内容绘制发散气泡，帮助学生建构主题知识。本节课中教师引导学生围绕节日的名称、时间、习俗以及服装等方面绘制发散气泡，帮助学生建构丰富的文化知识。在此过程中，学生根据板书的思维导图，自己绘制气泡图，小组合作互相评价气泡图，介绍自己最喜欢的节日。利用"大使出游"这一课堂小活动，向其他小组展示本组最完整的思维导图，组间互评，提出修改建议，课堂气氛非常融洽。学生能够联系生活实际，小组讨论将所学运用到实际中，根据其他同学的建议，继续丰富完善本组的思维导图，拓展文化知识，加深对中国传统节日的了解，激发对传统节日的喜爱之情。随后，全班展示介绍本组的思维导图内容。

本节课生成的思维导图式板书是在教师的引导下，学生们在小组活动中通过头脑风暴与讨论，借助集体的力量而完成的，它主要从两个方面来帮助学生提升思维能力：一方面，具有思维可视化特征的思维导图可以将学生的思考过程和思考结果显现出来。教师在课堂中应用思维导图进行讲解时，成了学生的引导者，学生可以进一步思考相关主题内容，进行头脑风暴；另一方面，不同于传统教育中的"线性思维"，思维导图遵循的是"网状思维"，从中心话题出发，鼓励学生拓宽思维空间，多维度、多角度地展开联想与想象，以产生更多的观点，再将这些知识点进行串联以形成有组织、有层次的知识网络。如此一来，学生的思维能力，无论是在广度上的思维激发，还是深度上的思维整理，都将有所提升。

2. 运用思维导图，结构化表达主题内容

英语课程标准中指出，义务教学阶段英语课程的总目标是"提升思维品质。逐步发展逻辑思维、辩证思维和创新思维，使思维体现一定的敏捷性、灵活性、创造性、批判性和深刻性"。学生在语言学习中发展思维，在思维发展中推进语言学习；初步从多角度观察和认识世界、看待事物，有理有据、有条理地结构化表达主题内容。在思维导图式板书中，碎片化的语言素材往往是按照知识点之间的联系或一定的逻辑关系，通过对新旧知识的归纳、对比、串联和整合，构建成一个知识网络。如此一来，当学生需要谈论一个话题时，只需在大脑中调出相应的知识网络图，就容易回忆起相关的语言素材，为其语言运用提供表达结构和丰富的语言素材支持。英语交际能力是学生在不断训练中提升的，英语对话可以模拟真实的英语情境，使学生在语言实践训练中逐渐增强语言表达能力。在英语对话教学中利用思维导图可培养学生的发散思维，同时，教师还要注重引导学生语言的逻辑性与条理性。

思维导图的使用一方面能够使小组成员有效地完成组内讨论，完成课堂任务；另一方面也有助于任课教师了解小组成员对小组任务的共享情况，督促学生认真参加小组合作学习，完成小组任务。此外，思维导图能够为学生提供学习支架。运用板书上思维导图展示出的素材，同桌间进行对话操练，让每个学生都能在此环节练到本课句型。思维导图能够为学生提供对话所需的素材，使学生灵活运用所学句型，对话的内容更加丰富，能够有效地助力学生练习和巩固基本句型。

3. 借助思维导图，完成趣味作业

作业评价是教学过程的重要组成部分。作业的设计既要有利于学生巩固语言知识和技能，又要有利于促进学生有效运用策略，增强学习动机。教师根据本年级学生的认知特点和学习需求，基于单元教学目标，兼顾个体差异，整体设计单元作业和课时作业。创设真实的学习情境，建立课堂所学与学生生活的关联，设计复习巩固类、拓展延伸类和综合实践类等多种类型的作业，如思维导图制作、海报制作等，引导学生在完成作业的过程中提升语言和思维能力，发挥学习潜能，促进自主学习。在单元复习时，学生们自己总结，根据课上绘制的思维导图进行写作训练，增加了学习兴趣，发展了思维，提升了语言运用能力。例如，在学习小学英语五年级下册第6单元时，学生们自己进行知识梳理、单元总结，以"职业"为主题，画出了思维导图。每次学习完新的单元后，学生自主复习，小组合作学习，画出了"旅行"等其他单元话题的思维导图。

思维导图式板书在小学英语教学中的应用，既可以帮助小学生高效掌握语言知识，又可以对小学生进行思维训练，拓宽小学生思维的广度与深度。对小学生而言，对英语学习抱有良好的情感态度是英语学习成功的关键因素。因此，教师在课堂教学中，要尽可能地不断激发并强化学生对英语学习的兴趣。相比传统的行列式或纲目式板书，思维导图式板书应用了简明的关键词、形象生动的图像、多彩的颜色和变化的线条，在给学生带来富有美感的视觉冲击的同时，能充分调动学生的左右脑思维，符合小学生生理和心理特征。在小学英语教学中引入思维导图式板书，有助于活跃课堂气氛，激发学生对英语学习的兴趣，调动学生对英语学习的热情，有助于培养学生对英语学习的良好情感态度。

思维导图在英语教学过程中应用很广泛，在梳理、完善思维导图的过程中坚持"以学生为本"，学生通过自己查找关键词和核心内容，加强对所学知识的理解并进一步深化，使知识的获取、存储和提取更加便捷高效，这种学习过程可视化的意义在老师的教和学生的学中得到体现。思维导图在英语教学中的运用有助

于提高学生的学习兴趣，有助于师生互动、建立良好的师生关系，有助于复习课中扩大课堂容量，提高学习效率。

◆ **专家点评**

本课从单元整体教学的视角凸显了单元复习课的特征，较好地体现了"以学生为本"（SCL）的教学理念。

1. 把学情分析贯穿于教学中

学情分析具体明确，不仅分析了学生基于本单元学习已有的话题认知基础和话题表达能力，还明确了以小组合作、给学生个性化的口语表达机会等作为满足学生发展需求的策略。

2. 教学目标体现了英语课程文化育人的基本理念

本课聚焦于文化意识培养目标，用多个 SCL 工具帮助学生从节日的时间、庆祝活动以及意义方面结构化地介绍中国的传统节日和西方的节日，进而提升其文化意识以及跨文化交际的能力，落实英语课程文化育人的基本理念。

3. 合理利用 SCL 工具设计多样的学习活动

本课中教师运用 SCL 工具发散气泡帮助学生结构化地建构关于节日的主题知识；运用大使出游、世界咖啡等 SCL 工具给学生展示交流的机会，使学生在交流中反思，明确完善自己的节日介绍的重点方面和策略，提升学习能力。

4. 教师较好地发挥了示范引导作用

本课中体现了 SCL 理念下教师要充分发挥示范引导作用。教师通过示范搭建思维导图框架，引导学生有效完成学习任务，突破学习难点。

5. 持续性评价贯穿在复习课的始终，提升学习效果

为了在复习课中有效地落实教学重点，突破难点，教师给予学生自主学习、合作探究的机会，引导学生相互学习，相互评价。教师运用多种评价策略激励学生积极参与到整个学习过程中，学会学习、学会合作，提升学习效果。

（课例指导与点评专家：李宝荣教授　北京教育学院）

第六章

"以学生为本"的教学设计：
小学科学

案例 9

小学五年级新授课:《光的反射现象》

基本教学信息

学科: 科学	课名:《光的反射现象》	年级: 五年级
学生人数: 37	课型: ☑新授课 □复习课 ☑单科课 □跨科课	

◆ **《义务教育科学课程标准（2022 年版）》内容摘录**

"聚焦学科核心概念，精选与每个核心概念相关的学习内容，设计相应的系列学习活动，做到适合年龄特征、突出重点、明确要求，确保学生有充足的时间探究、实践与思考，学习理解学科核心概念并应用于真实情境。"

◆ **教学设计**

一、课标要求分析

（一）内容要求

《义务教育科学课程标准（2022 年版）》中提出义务教育科学课程是一门体现科学本质的综合性课程，具有实践性。《光的反射现象》一课属于"物质的运动与相互作用"这一核心概念范畴，是"声音与光的传播"这一内容主题。该内容主题在 5～6 年级的具体内容要求有：①知道来自光源的光或来自物体的反射光进入眼睛，能使人们看到光源或该物体；②知道光在空气中沿直线传播；③知道光遇到物体会发生反射现象，光的传播方向会发生改变；④描述太阳光穿过三棱镜后的彩色光带，知道太阳光中包含不同颜色的光。

（二）教学策略分析

基于课标要求，本课采用"由浅入深、由表及里、由现象到本质、螺旋上升"的学习进阶思路进行设计。教学中，教师从熟悉日常生活中的真实情境出发，引导学生发现并描述光的传播过程中遇到障碍物会有怎样变化的科学问题。通过分析、比较、综合等思维方法，抓住光在同种均匀介质（水、空气）中会沿直线传播的特点，初步获取光遇到物体时会发生反射现象，光的传播方向会发生改变的结论。通过激光反射的科学实验研究，应用分析与综合、抽象与概括、联想与想象等科学方法，建构"光的反射规律"的模型并使用模型解释有关的科学现象。本课以体验激光打靶、观察反光现象、进行激光反射实验、开展模拟实验等丰富、多元的教学活动作为学生学习的重要支架，提升学生的学习参与度、思维深刻度及实际获得度。

二、学习内容分析

1. 从义务教育科学课程的角度看

《义务教育科学课程标准（2022 年版）》中有三个教学内容共同支撑"物质的运动与相互作用"这一核心概念。具体的内容要求是：①力是改变物体运动状态的原因。描述运动速度有快、慢；接触的物体和非接触的物体都会受到力的相互作用；力有大小、方向，运动物体的方向有直线和曲线。②电磁的相互作用。电可以产生磁，磁场的运动又能产生电流；磁场越强，产生的磁力越大，地球就是个强大的磁场。③声音与光的传播。声音与光都是能量的表现形式，传播过程都是波，都有着一定的频率，都有折射、反射现象。声音的产生是由于物体的振动，声音靠介质传播，介质不同速度不同，自然的振动频率相同能够产生共鸣，遇到障碍会发生回声现象。光是一种重要的自然现象，是电磁波，是一种人类眼睛可以看见的"光"，光源之所以能发出光是因为光源中原子、分子的运动，光不需要介质，传播速度极快，约每秒 30 万公里，遇到物质或物体会改变传播方向。

"光"只是建构"物质的运动与相互作用"核心概念的内容载体之一。把"光"主题中能建构起来的直线传播概念揭示出来，有助于学生形成"当光遇到物质或物体时会改变传播方向特点"的认识，通过它让学生加深对核心概念"物质的运动与相互作用"的理解。

2. 从整体把握单元内容结构关系的角度来看

科学五年级上册《光》单元的概念是光源及光的传播，通过了解光与我们生活的关系，学会观察光的行进，认知光的特点。如图 6-1 所示。

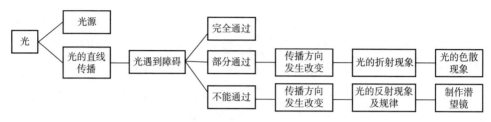

图 6-1　《光》单元教学内容分析

在前几课的教学中，学生已经知道光是沿直线传播和光的折射现象。本课教学内容是第 6 课《光的反射现象》，掌握光的反射规律的相关知识能为下节课《制作潜望镜》打下坚实的理论基础。

"光的反射现象"是光的传播的内容。发现光在空气中遇到反光板（物体）发生的反射现象；探究光在水中遇到镜子（物体）时发生的反射规律；学以致用，应用光的反射规律来解释生活中的现象。通过此内容的学习，帮助学生建构光遇到物质或物体时会改变传播方向，这些科学现象都有着内在的规律，等待学生去探索、去发现。通过三个教学内容的学习，最终建立起"物质的运动与相互作用"的学科核心概念。

3. 光学概念的进阶建构

新课标将 1～9 年级学业内容及要求整合在一起，笔者对光学概念也进行了整体分析，按照学习能力分成四个进阶建构概念阶段（表 6-1）。

表 6-1　根据学生的认知水平进阶掌握的光学概念

学习阶段	小学阶段	初中阶段	高中阶段	大学阶段
需要建立的重要概念	知道光源	知道人造光源	—	发光学
	知道光在空气中沿直线传播	知道光在同种均匀介质中沿着直线传播，了解相关现象	—	非线性光学
	描述太阳光穿过三棱镜后形成的彩色光带，知道太阳光中包含不同颜色的光	通过实验了解白光的组成和不同色光混合的现象。知道无线电波、微波、红外线、可见光、紫外线、X 射线都是电磁波	—	光谱学

学习阶段	小学阶段	初中阶段	高中阶段	大学阶段
需要建立的重要概念	用放大镜、显微镜来观察标本	通过实验了解凸透镜成像特点，能解释相关问题	—	物理光学
	光的折射现象	光的折射特点及应用	几何光学	几何光学、光学其他学科
	知道光遇到物质或物体会发生反射现象，光的传播方向会发生改变	通过实验了解光的反射定律 知道平面镜成像的特点		
	—	—	知道产生干涉、衍射的条件。用双缝干涉测量光的波长	光学
	激光笔的安全使用	了解波的简单知识及其在信息传播中的作用	激光的特性、激光的应用	量子光学、信息光学、导波光学、红外物理、激光物理、应用光学
认知水平	观察、描述生活中的现象	解释生活中的现象	用数据来外化知识的理解与应用	专项领域的研究
主要的科学思维方法	分析与综合、比较与分类、抽象与概括、联想与想象、创新思维	抽象与概括、重组思维、对比思维、联想与想象、创新思维	归纳与演绎、突破定式、递进思维、逆向思维、联想与想象、创新思维	发散思维、联想与想象、创新思维、求异思维、跳跃思维、统摄思维

4. 本课的教学策略

本课以"将学生带入真实光的世界发现科学规律"为指导思想，以"观察、实验、推理、解释的科学方法"为理论依据，借助布鲁纳提出的"发掘学生智慧潜力、调动学生思维"的教学观点，观察生活、描述现象、发现规律。通过学生的探索和学习，运用分析、类比思维、抽象、概括、联想与想象等思维方法，引导他们像科学家一样发现光的反射规律。学生在不断的挑战中对光产生兴趣，达成掌握光的反射规律的目标。

三、学生情况分析

五年级的学生已经具有一定的生活经验和知识储备。知道光是沿直线传播；

光遇到障碍（物体）时会有三种现象——完全通过玻璃、部分通过一层薄纸、不能通过一本书；在一定的角度时，光从空气到水中会发生折射现象，如筷子"折"了。对于光的反射概念，学生不一定能理解其含义，但对于光的反射现象，如照镜子、用反光的物体照射，这些都是学生所熟悉的。

学习本课内容，学生可能存在的困难是不会用自己的语言描述光的反射现象；探究入射光线与反射光线的角度时可能会出现记录不太准确；不会抽象概括出光的反射规律；不会解释生活中不太熟悉的现象。

针对学生可能会出现的这些情况，采取以下办法：用分解为若干问题的方式来给学生搭支架；利用已知光在同种介质沿直线传播的原理，让学生只记录三个点，连线分析简化实验难度的办法；出示 PPT 填空降低难度，帮助学生概括出光的反射规律；由简到繁，逐步增大问题难度，让大多数学生都能回答简单的问题。对于少数非常热爱科学的学生，安排 2 个难度较大的问题，让他们对光的研究更加感兴趣。

四、学习目标

（1）能根据生活情景发现光的反射现象，通过分析与综合思维，理解光遇到物体时会改变传播方向，形成光的反射现象概念。学生在好奇心驱使下，对光的反射现象产生浓厚的兴趣。

（2）能正确的使用激光笔，树立自我保护意识。通过实验并应用抽象与概括等思维方法，发现光的反射规律并解释生活中的现象。入射光和反射光都是沿直线传播；入射角等于反射角；物体都能反射光。

五、学习重点

学生通过一系列光的反射体验活动，递进式感受到光的反射现象，并结合生活经验概括光的反射规律。

六、学习难点

能用自己的语言描述光的反射现象及其规律。

七、设计思路

（1）用学习活动来帮助学生发现自然现象。为了便于学生观察，选用一面超大的镜子（照相用的反光板）来做演示实验，让同学们感受不太刺眼的反射光，通过一个个问题为同学搭支架，让同学们发现光的反射现象。

（2）充分利用学生已有的知识和经验。照镜子是学生每天都会经常做的事情，转个方向，换个角度，能够看到自己的不同部位，这是学生已有的生活经验。学生却很少有"两人用一面固定的镜子来相互打招呼"这样的经历，只有在特定的角度才能看到镜中的小伙伴，这件小事会引发学生思考，想进一步探究光的反射奥秘。

（3）教师充当学习的促进者，而不是知识的呈现者。设计研究激光在水中反射的实验活动，充分调动学生的各种感官如听觉、视觉、触觉等，使学生在语言交流中相互启发、碰撞出新知。通过学生小组合作，动手操作、观察、记录、并引发思考，交流探讨、归纳总结，最终发现光的反射规律。

八、教学过程

教学环节及时间	学习活动工具	学习目标	教学事件	教学策略与过程	评估反馈
导入启动 5分钟	激光打靶	1.能正确地使用激光笔，树立自我保护意识；2.回忆光的直线传播特点	1.类比思维；2.抽象与概括；3.联想与想象	运用激光打靶，引起学生注意，提出简单任务，唤醒参与兴趣。【科学实验】1.教师演示激光打靶；2.学生学习操作方法；3.学生实验并得出光在空气中沿直线传播的结论	评估指标：学会激光笔的简单操作
呈现展开 22分钟	反射灯光	能根据生活情景发现光的反射现象，理解光遇到物体时会改变传播方向，形成光的反射现象概念	1.分析与综合；2.联想与想象；3.类比思维	观察生活、描述现象、发现规律。一、观察并描述反光板反射现象，理解光的反射现象【科学观察】1.教师演示反光板反射到学生眼中；2.学生观察眼中有光线，描述科学现象；3.小组讨论通过归纳推理形成光遇到物体（反光板）时会改变传播方向，形成光的反射现象概念的结论	专注光的反射现象，并能描述（光遇到物体时会改变传播方向，形成光的反射现象）

教学环节及时间	学习活动工具	学习目标	教学事件	教学策略与过程	评估反馈
呈现展开 22分钟	寻找同伴	发现问题	1. 联想与想象； 2. 类比思维	二、由"寻找同伴"游戏引发学生思考：为什么在一定的位置才能看到小伙伴？ 【科学实验】 1. 教师提要求：镜子不动、人可动； 2. 两名学生相互打招呼； 3. 学生讨论发现只能在一定的角度才能看见对方	学生发现同一角度才可以发现同伴
	激光反射实验	解决问题：发现光的反射规律（入射光和反射光都是沿直线传播；入射角等于反射角；物体都能反射光）	1. 抽象与概括； 2. 联想与想象； 3. 类比思维； 4. 分析与综合； 5. 重组思维	三、通过实验来研究激光在水中的反射现象 【模拟实验】 1. 教师演示记录一束激光光束反射的过程； 2. 学生小组进行模拟实验； 3. 学生通过入射光与反射光对比发现入射角与反射角相等的反射规律 【科学推理】 通过老师的追问，学生归纳推理出物体都能反射光	1. 学会操作步骤，合作发现规律； 2. 部分学生能概括规律
练习指导 12分钟	汽车投屏	使用光的反射规律来解释生活中的现象	1. 分析与综合； 2. 联想与想象； 3. 重组思维； 4. 类比思维	指导学生完成知识的再创造，应用光的反射规律来分析、解释生活中的现象。 一、简单的问题：指挥光线、反光镜、汽车投屏等 【科学解释】 1. 教师引导学生用塑料膜代替反光镜做光的反射实验； 2. 学生解释汽车投屏结构并不复杂，用挡风玻璃代替反光镜	多数学生能分析、解释生活中的现象

教学环节及时间	学习活动工具	学习目标	教学事件	教学策略与过程	评估反馈
练习指导 12分钟	照亮中国	使用光的反射规律来解释生活中的现象	1. 联想与想象； 2. 重组思维； 3. 类比思维	二、挑战性的问题：照亮中国 【模拟实验】 1. 教师用地球仪、反光镜、手电筒将学生带入地球、月球、太阳的故事情境； 2. 学生用反光镜来照亮位于地球仪中较暗的中国； 3. 学生解释手电筒相当于太阳；地球仪相当于地球；反光镜相当于月球	少数学生能提出创意，解决实际问题
结束收尾 1分钟	观察白墙	使用光的反射规律来解释生活中的现象	1. 发散思维； 2. 重组思维； 3. 类比思维	回顾所学，课下交流。 1. 小结； 2. 课下思考：室内为什么都涂成白色或浅色	略

九、学习活动工具

工具1 激光打靶

1. 工具含义
激光打靶是用低功率激光笔瞄准靶心的小游戏。

2. 工具用途
激光打靶适用于在光学部分教学中，激光的折射实验操作前的准备活动。

3. 工具样例展示与微课活动案例
准备一个激光笔，在讲台高处的两边各放置一个直径约为10厘米的圆形的标靶（图6-2）。

"激光打靶"微课活动案例

4. 工具运用流程（图6-3）
（1）阅读说明、强调安全。

（2）打靶，教师纠正危险操作。

（3）回忆以前的知识：光在空气中沿直线传播。

图 6-2　标靶样例

图 6-3　"激光打靶"工具运用流程

5. 工具应用效果反思

因为安全的原因（激光笔照射会对眼睛有伤害），学生很少有机会操作激光笔。对一切新鲜事物都好奇的他们，非常愿意来次"激光打靶"。多数学生能通过阅读说明、少数学生通过观察学习别人的操作，都能掌握安全的操作技巧。这也为后面的探究实验做好了实战准备。观察是人们认识世界、获取知识的一个重要途径。通过实操，学生就能判断是否打中靶心。运用"激光打靶"活动，充分调动学生的感官，包括手的触感、语言、听觉、视觉，激发学生参与科学探索的兴趣。只要按下激光笔的发射键就能观察到有一束激光发出，单手或双手都可以操作，有了明确的目标——瞄准靶心，学生在操作时自然会提高发射角度，避免照射到别人身上。完成简单任务，再解释以前学过的简单问题，帮助学生做好后面实验的学习准备。

工具2　激光反射实验

1. 工具含义

激光反射实验是用激光笔照射在底部有反光镜且能形成漫反射的水中，观察并记录激光在水中路线的反射现象的研究实验。

2. 工具用途

利用激光笔在水中的漫反射现象，可以研究光的直线传播或者光的折、反射实验。

3. 工具样例展示与微课活动案例

需要激光笔、水槽、反光镜、透明塑料膜、彩笔、尺子

"激光反射实验"
微课活动案例

作为工具（图6-4）。

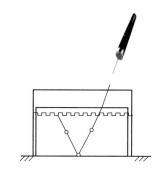

图6-4 激光在水中反射实验示意图

4. 工具运用流程（图6-5）

激光反射实验使用激光笔来探究光的反射规律的实验，通过教师指导学生完成激光光束的路线记录后，同学间相互启发，进行思考，归纳出光的反射规律。

（1）学习记录激光光束操作。先阅读操作方法，并示范。方法：反光镜打开平放在水底；一名同学将透明塑料板贴在水槽前面，与水槽底部贴合；另一名同学用激光笔照射水底；观察水中的光线，第三名同学用彩笔标记三个点（水中、水底、水中）来记录光线的位置，并用直尺连线。

（2）学生小组合作完成激光光束路线的记录，教师提示激光笔的正确操作。学生会发现完成的记录会形成"V"字形；增加箭头，表示入射光与反射光的出入方向。

（3）教师引导学生通过观察、思考，一步步发现"入射角＝反射角"的光的反射规律。

图6-5 激光反射实验流程图

5. 工具应用效果反思

课堂上合作探究，训练学生主动学习的能力。学生的观察点有时会不同，需要教师及时适当点拨，诱导探究的方向。多数同学记录完成是"V"形，个别小组是"▽"形，分析原因：研究水中的部分时，学生观察的是水中和水上的部分，与学生交流后，按照研究界定的范围修正了研究的方向，因为水面和水中正好是光的折射现象，容易和光的反射现象混淆。学生都折过纸飞机，明白机翼的两边对称，所以在对折塑料板时，学生很容易发现重合现象，应用经验的再重复让孩子们又有了新的发现。个别学生甚至能利用已知的数学中的轴对称图形解释入射角与反射角相等。我们每天都能见到光，可很少能见到光线，利用激光在水中漫反射的现象，成为可视化的光束，同学们就可以记录光线完成科学研究，探寻光的反射规律。

工具3 照亮中国

1. 工具含义

"照亮中国"是一个利用光的反射规律，模拟月球照亮地球夜晚而设计的活动。

2. 工具用途

"照亮中国"实验是演示地球、太阳和月球之间的关系，用于月光的反射现象的解释，将镜子换成白色的乒乓球可以用于月相模拟实验、日食模拟实验以及月食模拟实验。

"照亮中国"微课
活动案例

3. 工具样例展示

需要手电、地球仪、一面镜子（图6-6）。

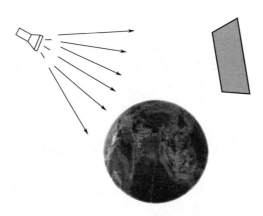

图6-6 "照亮中国"示意图

4. 微课活动案例

教师提出问题：现在是美国的白天，你有什么办法照亮中国的夜晚？

教师拿出教具——地球仪、手电、反光镜，需要屏蔽较强的光。

学生思考办法，在讲台操作：学生用手电照亮地球仪中的美国境内，尝试用反光镜来改变照射的位置和角度，最终照亮了中国。

5. 工具运用流程（图6-7）

（1）创设情境。假如地球仪上的美国现在是白天，有什么办法能照亮中国的夜晚?

（2）学生思考。根据光的反射规律中的入射角等于反射角，学生会创意出将反光镜放在恰当的位置，使光反射到中国境内。

（3）学生动手操作并解释这一现象。在手电位置不变的情况下，移动反光镜，使光照射在地球仪中的中国境内。

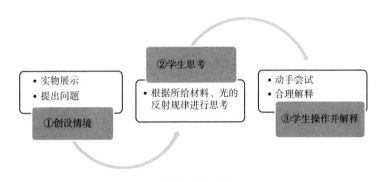

图6-7 "照亮中国"工具运用流程图

6. 工具应用效果反思

教材中的应用问题是如何能照亮小球，教学设计将小球放大，就变成了地球仪。学生对于地球仪是熟悉的，美国和中国正好时差12小时，都位于北半球，位置相对，国土面积都很大，是个很有趣的问题。将已有的经验和本课新的认知结合，就会创造出属于他们自己的新知。

我们都知道美国的白天正好是中国的夜晚，这是一个自然现象。照亮中国的夜晚是学生学习再创造的过程，问题刚刚提出，立刻就激起了学生的兴趣。本课时的教学目的就是希望学生能将光的反射规律与生活中的自然现象的应用结合。学生通过对实物的观察、想象与重构，在前人尝试的基础上提出自己的观点，无论是演示者还是观察者，每位同学都有所收获。

亚里士多德指出："想象力是发现、发明等一切创造活动的源泉。"没有想象就没有创造，善于创造必须善于想象。教学过程中，我们要善于捕捉教材中可延伸拓展又能升华的地方，鼓励学生知识的迁移，培养学生的创新意识。将《宇宙中的地球》与《物质的运动与相互作用》核心概念内容相结合，呈现相互渗透、交叉融合的趋势。

十、板书设计

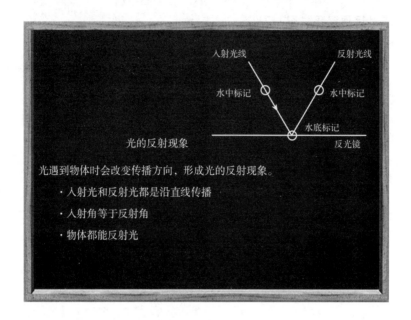

◇ 教学反思：像科学家一样体验科学探究的过程

《义务教育课程方案（2022年版）》提出强化学科实践。注重"做中学"，引导学生参与探究活动，经历发现问题、解决问题、建构知识、运用知识的过程，体会学科思想。在《义务教育科学课程标准（2022年版）》关于课程实施的教学建议中也强调"从学生已有经验出发，选择合适的情境要素……"。

科学家的新发现学习和发现教学过程基本相同，都是从创设情境发现问题，到建立解决问题的假说并进行验证，再到作出符合科学的结论，最终转化为解决问题的能力。创设"学做科学家"的大课堂情境，让孩子们感受、体验科学家的探究过程是科学教育的重要教学策略。在科学课堂中，引导学生把自己当作科学家一样思考，这一积极的角色体验，可以增进学生学习科学的兴趣，强化其学习的动机与责任，促进其主动参与。

1. 创造条件帮助学生寻找证据建构结论

（1）搭建问题和板书支架，帮助学生初步建立科学概念。学生看到现象很简单，可用科学的语言描述是个问题。采用"搭支架"的办法，帮助学生描述现象，建立初步的科学概念。描述光的反射现象是个难点，学生不知从何说起，教师采用追问的方式为学生"搭支架"，用板书帮助学生加深理解。先让"小科学家"们各抒己见，一起来分析、描述自己感受到的光的反射现象。再运用综合的思维方法，将这些描述串联起来，初步建立光的反射现象的概念。（光遇到物体时会改变传播方向，形成光的反射现象。）

（2）提供演示和示范操作，帮助学生安全有效进行观察。常见的光会向四周散射，不好辨识、不好观察，于是教师选择一束激光进行实验。激光笔安全操作始终放在第一位，通过"激光打靶"的游戏，教会学生操作技巧。提出要求后，将靶心放在黑板的上方，学生打靶时很自然就会向上照射。学生通过打靶体验的活动，不但验证了光在空气中沿直线传播的概念，而且也为后面的学习奠定了实践基础。

（3）指导开展探究实验，帮助学生探寻事物的本质规律。探究入射光和反射光的角度问题，选择了激光在水中的反射实验。目的是让学生们能观测到可见光线，用激光照射稍有些浑浊的水时，能看到有光线存在，这其实是一种漫反射现象。第一步：教师示范用激光笔照射水中的平面镜时能看到有2条光线，分别是入射光与反射光。学生根据已知的光在空气中沿直线传播和看到"V"形的现象，推导出光在水中也是沿直线传播的，初步建立激光在水中发生反射现象，即入射光在水中沿直线传播，反射光在水中沿直线传播的概念。复习"两点成直线"的数学概念，学生很快分析出3点能记录入射光与反射光的行进路线的方法。第二步：学生选择不同角度的激光照射，像科学家一样用三个点做记录，连线后呈"V"形，并用箭头表示入射光与反射光。完成这一步研究后，有些"小科学家"就会惊奇地发现：他们的记录有着惊人的相似性，且他们折纸飞机的经历隐约告诉自己，入射光与反射光角度可能相同，或角度非常接近。第三步：教师引导学生继续尝试对折后，角度重合了！教师明确对折线称为法线；入射光与法线的夹角为入射角；反射光与法线的夹角为反射角，学生们都得出"入射角＝反射角"的结论。

任何知识要具有生命力，都必须作为一个"过程"存在于一定的生活场景、问题情境或思想语境之中。学生的新发现和科学家一样，都是通过现象找到本质的过程。适时追问，及时点拨，学生的思维能力有所提高，对于发现事物的本质规律也有所帮助。

在科学探究验证假设的过程中，给学生渗透"你也可以像科学家一样思考""也许你就是未来的科学家""科学家跟你想的一样"等意识通过学生间的相互交流讨论，得出信服的科学结论，即概念、原理、规律，培养学生勇敢向前的科学探索精神。

2. 梳理探究结论帮助学生形成科学观念

同学们能顺利地完成探究实验，发现并得出一个一个结论，但形成的只是模糊的、碎片化的概念。学生想要得出综合的、完整的光的反射规律，需要教师帮助梳理。

（1）用图例帮助学生回顾刚才的实验。学生根据光的反射现象和刚才的实验得出：激光笔照在水中遇到镜子发生反射现象，入射光在水中沿直线传播，反射光线在水中沿直线传播，入射角等于反射角。基于学生的观察得出的结论，距离光的反射规律还有一点点距离。

（2）用抽象化的文字帮助学生梳理。采用填空的办法帮助学生形成科学观念：入射光沿（直线）传播；反射光沿（直线）传播；入射角＝反射角；（？）能反射光。最后一个填空，学生的回答是镜子。教师没有直接给学生标准答案，而是用抛出一个个问题的办法让学生归纳出光的反射规律。老师的几个问题又将学生带入了光的反射现象情境中，引起学生思考："我们是如何看见老师的？"（"光照到老师身体，改变了传播方向，又反射到我们眼中，老师能反射光。"）"我们是如何看见黑板的？"（"黑板能反射光！"）"都谁能反射光？"（"物体都能反射光！"）最后由"小科学家"归纳出规律：物体都能反射光。

学习是一种过程，而不是结果。在教师的指导下，学生通过观察、实验、思考、讨论、听讲等途径去主动探究，就像科学家发现真理那样，通过自己的探索和学习，发现事物变化的因果关系及其内在联系，从中找出规律、形成概念、获得原理，形成科学观念。学科认知活动的核心是学科思维，其认知过程本质上是一种学科学习的思维过程，是学科特有的理解问题和分析问题的思维方式，使学生像科学家一样深入思考问题。认知过程是思维再创造的过程。现代教育心理学研究指出，学生的学习过程和科学家的科学发现过程在本质上是一样的，都是一个发现问题、分析问题和解决问题的过程。

3. 回归现实问题指导学生迁移运用知识形成能力

创设生动的真实问题情境，能为学生提供更多的感知对象，不仅可以激发学生的兴趣，还有助于灵感的产生，有利于培养他们的创新思维。适度提问对学生的主动学习是一种鼓励，可以很好地激发学生主动探究的兴趣。有难度的问题可以更好地帮助学生思考，调动学生的发散思维。我在设计实际问题时也着重考虑符合学生的认知水平，由浅到深、有创造性、有美感的问题。如：为什么有水的故宫角楼是那么的美？建筑在水中的倒影给孩子们的回忆仿佛是昨天看到的场景。让学生找到发现新知的乐趣，有想再尝试的想法。如：汽车风挡可以投屏，是真的吗？镜子在特殊的位置、特殊的角度，真的可以照亮地球仪中较暗的中国吗？教学只有联系生活，走进生活，才能使人真正体验和理解知识的内在意义和价值。组织学生运用所学的知识和方法解决真实情境中的问题，实现应用迁移，做到融会贯通。将学习结果与日常生活实践联系起来，回顾学到哪些知识，强化所学加以运用。学生通过学习交流，学会感受生活、理解生活、创造生活。

像科学家一样体验科学探究过程中新发现的学习，本质是发展学生思维。学生思维的发展主要体现在"具体形象思维→抽象逻辑思维→经验性抽象思维→理论性抽象逻辑思维"的提升过程。探究过程中，能描述光的反射现象是模型建构的科学思维；发现光的反射规律是理论推证的科学思维；能解释生活中的现象是具备创新思维能力。思维的"过程"同"结果"一样重要，目的在于使学生在思考和发现的过程中体验到快乐。

◆ 专家点评

张新老师"光的反射现象"一课的设计突出了学生核心素养的培育。具体表现在：第一，用核心概念"物质的运动与相互作用"将内容组织成单元，并将单元教学内容结构化，便于整体把握教学内容，精准把握本节课的教学要义。第二，将"光"这一大主题的学习放在从小学到大学的全学段进行整体思考，梳理学生对于"光"的认识的进阶路径，便于摸清学生的认知水平，精准确定本节课的教学定位。第三，关注学业水平的要求，以终为始设计教学，能有的放矢地选择教学策略，为本课的教与学提供了便捷的思维路径。第四，重视引导学生运用科学观察、科学实验、科学推理及科学解释等基本的科学方法来提升发现问题、分析问题和解决问题的能力。第五，开发了恰当有效的学习活动工具，用于引导学生开展个体建构和合作学习，并在合作协同的过程中伴随着比较、分类、概括、联想、分析、综合、重组等复杂的思维过程，以及在批判、建构、论证中提升学生的创新思维能力。本节课教师努力去挖掘最有价值的高站位的知识内容，努力去寻找最有效的高参与的教学策略，努力去构思最便捷的高迁移的学习路径，体现了教师对"以学生为本"教学理念的理解与实践转化。

（课例指导与点评专家：李春艳教授　北京教育学院）

第七章

"以学生为本"的教学设计：

小学音乐

案例 10

小学二年级新授课:《过新年》

基本教学信息

学科: 音乐	课名:《过新年》	年级: 二年级
学生人数: 36	课型: ☑新授课 □复习课 ☑单科课 □跨科课	

◈ **《义务教育艺术课程标准（2022 年版）》内容摘录**

"重视学生在学习过程中的艺术感知及情感体验，激发学生参与艺术活动的兴趣和热情，使学生在欣赏、表现、创造、联系/融合的过程中，形成丰富、健康的审美情趣；强调艺术课程的实践导向，使学生在以艺术体验为核心的多样化实践中，提高艺术素养和创造能力。"

◈ **教学设计**

一、课标要求分析

本课的学习主要内容属于音乐学习领域中的趣味唱游，与一年级的"新年"单元构成知识联系。《义务教育艺术课程标准（2022 年版）》中指出，唱游是以歌唱为主，融合了演奏、律动、即兴表演、舞蹈表演等多种艺术表现形式和活动内容，以趣味化的游戏方式开展的音乐活动，是低年级学生学习音乐的主要形式。丰富有趣的唱游活动可以培养学生的节奏感、韵律感和初步的艺术表现能力，对激发学生的音乐学习兴趣、促进学生身心健康成长具有积极作用。同时本课遵循"从音乐学习的特点出发"这一要点，设计生动活泼的教学形式，激发学生的学习兴趣，增进学生对音乐的喜爱。在音乐活动中，培养学生自信、自然、有表情地演唱歌曲和演奏课堂乐器的能力，体现音乐学科的音乐性。

二、学习内容分析

《过新年》是一首欢快、热烈的儿童歌曲，2/4拍，五声C宫调式，一段体结构。歌曲采用了汉族民间音调和秧歌舞的节奏特点，曲调欢快、活泼，尤其是歌曲中模拟锣鼓音响的衬词"咚锵"反复出现，为歌曲增添了热烈欢快的节日气氛，生动形象地描绘了孩子们喜气洋洋过新年的欢乐情景。

这首歌曲共分为6个乐句，其中前4个乐句采用了变化重复和完全重复的创作方法。第一、二乐句的旋律为变化重复；第三、四乐句的前半句和后半句旋律分别形成了完全重复，使锣鼓喧天的音乐形象更加深化。

在一年级上册中学生也曾学习过关于新年的歌曲，包括歌曲《新年好》和《龙咚锵》，认识并且使用过锣、鼓、镲这三种乐器，因此学生对这个主题的学习不陌生。

三、学生情况分析

二年级学生能够用自然的声音、有表情地演唱歌曲，乐于参加各种演唱活动；学习过常见的课堂打击乐器并且能够参与演奏活动为歌曲伴奏；能够在律动、音乐游戏、歌舞表演等活动中与他人合作；能够模唱简单旋律；认识二分音符、四分音符、八分音符以及四分休止符；对于识谱演唱有一定困难。

本班学生有36人，学习状态较好，学习积极性教高，能用亲切自然的声音演唱歌曲，且小组合作意识较强。

四、学习目标

（1）喜欢歌曲《过新年》，感受并表现欢度新年时热闹的气氛。

（2）能够用欢快、自然的声音演唱歌曲《过新年》。

（3）尝试运用打击乐器（锣、鼓、小镲）的演奏表现歌曲。

五、学习重点

能用自然的声音准确演唱歌曲《过新年》。

六、学习难点

找出歌曲中的完全重复和变化重复乐句，并准确演唱。

七、设计思路

基于1～2年级学生的年龄、身心特点，学习活动的设计既要具备趣味化、生活化、情境化、综合化等特点，也要体现音乐性。学习活动可以采用全班集体表演、分组表演或个别表演等形式，让每个学生都有充分展示的机会，逐步增强他们艺术表现的自信心。本课的设计思路如下：

1. 创设合作学习情境，塑造学生音乐认知

要使学生更积极主动地参与合作学习，教师需要在音乐课堂中为学生创设合作学习的情境，营造合作学习的氛围。在刚上课时，教师让学生欣赏有关春节的童谣，引出春节这一主题，在其后的教学过程中，让学生进行贴春联、挂灯笼、发红包等一系列活动，都没有离开春节这一情境，有效地强化了学生在这一主题下的认知，并且激发了学生的学习热情，学生在这一情境下积极开展合作学习，加深了对这一学习内容的认知。

2. 使用活动或资料来帮助学生

音乐课的实践性强，教师应设计和开展丰富多样的实践活动，提升学生的音乐素养。学生在合作学习中，互动交流，共同探究，共享学习资源，提升学习效果。学生在实践欢乐的气氛中与音乐亲密接触，真正成为课堂凸显本课的主题，不仅培养了合作意识和自我学习能力，还提升了音乐素养。

在本节课中，运用"挂灯笼"这一活动，让学生加深对完全重复和变化重复这两种写作手法的认识。首先发给每个小组一张相关乐句的乐谱，每个乐句前有空白颜色的灯笼，让学生给完全重复乐句涂上相同颜色，变化重复乐句涂上不同颜色，让学生通过合作学习加深对这一音乐知识的认识，学生不再是枯燥地说说而已，取而代之的是要通过自己的思考和动手实践来完成，加深并且巩固了对这一知识的理解。

"歌曲接力"这一教学活动中，学生通过"拆红包"的形式来学习歌曲中某一乐句的演唱。课前，教师把歌曲的6个乐句拆分开打印出来放进"红包"中，

然后让学生在课上抽取"红包"，通过小组学的方式来完成这一乐句的演唱，完成后的小组可以再次抽一个新的"红包"，这次的"红包"里是两个乐句的乐句，最后所有组都完成后大家一起来展示整首歌曲的演唱，生生间开展互评，提出不足并加以改正，这种方式取得了很好的教学效果，大大提高了学生学习歌曲的主观能动性。

八、教学过程

教学环节及时间	学习活动工具	学习目标	教学事件	教学策略与过程	评估反馈
导入启动 5分钟	芝麻开门	明确本课学习主题，激发学生学习兴趣	获得注意力，激发学习兴趣	1. 播放童谣； 2. 提出问题； 3. 教师简单介绍春节习俗； 4. 复习一年级相关歌曲《龙咚锵》； 5. 引出本课课题	
呈现展开 15分钟	歌词接龙；大使出游；连连唱	1. 熟悉歌曲旋律； 2. 练习读歌词； 3. 学唱乐谱	1. 呈现信息和事例； 2. 引导注意力	1. 初听歌曲，体会歌曲情绪； 2. 复听歌曲，加入表现锣鼓动作； 3. 师生游戏：贴春联； 4. 学生完整按节奏读歌词； 5. 小组游戏：挂灯笼； 6. 接龙演唱歌谱； 7. 教师教唱五六句歌谱； 8. 学生完整演唱歌谱	1. 教师巡视； 2. 发现问题； 3. 有困难的小组进行个别指导； 4. 选出代表性小组展示
练习指导 15分钟	歌曲接力	指导学生演唱	组织指导练习	1. 出示歌词； 2. 小组游戏：发红包； 3. 学生完整演唱歌曲	1. 教师巡视； 2. 分组指导； 3. 分组展示； 4. 发现问题
结束收尾 5分钟	锦上添花	丰富表演形式	促进迁移应用	加入锣、鼓、镲为歌曲伴奏	

九、学习活动工具

工具 歌曲接力

1. 工具含义

"歌曲接力"是一种以学生为本的学习方法，是以小组为单位、乐句卡片为载体、练习演唱为形式的教学活动工具，其内容可以是教授歌曲中涉及到的相关乐句，通常进行两轮，第一轮为一个乐句，第二轮为两个乐句或者更多。教师课前根据教学内容制作一定数量的乐句卡片，卡片折叠好装在"歌曲接力"信封中即成为"红包"，在课堂教学中，发给每组一个"红包"，小组成员共同抽取卡片，卡片内容要保密，小组间在共同学习下学会歌曲乐句演唱。

2. 工具用途

（1）激发学习兴趣。教师运用"歌曲接力"活动工具容易让学生在课堂中动起来，通过活动任务激发了学生的好奇心和学习兴趣。

（2）"歌曲接力"活动工具为歌曲中学生要学会演唱的乐句，学生通过小组的学习，个别演唱，深度学习了要学会的内容。

3. 工具样例展示与微课活动案例

"歌曲接力"微课活动案例

工具制作说明："歌曲接力"所使用的卡片没有特定格式，可以根据教学内容自主设计。每张卡片上呈现的内容是关联的，是同一首歌曲的内容，卡片示例如图 7-1。

图 7-1　"歌曲接力"卡片图例

4. 工具运用流程（图 7-2）

（1）活动以小组形式进行，可以 2~6 人一组，组长领取"红包"。

（2）成员一起发现是歌曲中的哪一句。

（3）一起练习演唱这一乐句。

（4）能够演唱后举手示意老师，抽取下一个"红包"。

（5）进行第二个"红包"的练习（两个乐句）。

（6）集体展示。

图7-2 "歌曲接力"工具运用流程图

5. 工具适用范围与建议

年级	学科	人数	课型	教学环节
☐高	☑语文	☑2人小组	☑新授课	☐导入启动
☐中	☐数学	☑4人小组	☑复习课	☑呈现展开
☐低	☐英语	☑6人小组	☑活动课	☑练习指导
☑全部	☑其他	☐全班	☐其他	☐复习总结
				☐评估反馈

"歌曲接力"活动工具的使用不限年级。教师可根据学情设计难易程度不同的接力卡片，卡片内容可以结合学科知识点进行调整。

◈ 教学反思：小学低年级音乐趣味唱游课的实践探索

唱游是以歌唱为主，融合演奏、声势、律动、即兴表演、舞蹈表演等多种表现形式以及活动内容，以趣味化游戏方式开展的音乐活动。

唱游教学在以前的音乐课堂中应用较广泛，教师通过各种游戏或者舞蹈等形式让学生学习歌曲，但往往形式过于花哨，忽略了音乐的主体性。在《义务教育艺术课程标准（2022年版）》背景下，唱游课被定为1～2年级学生学习音乐的主要形式，丰富有趣的唱游活动可以培养学生的节奏感、韵律感和初步的艺术表现能力，对激发学生的音乐学习兴趣、促进学生身心健康成长具有积极作用。

1. 新课标背景下唱游教学的重要性

长久以来，小学音乐课都等同于学习唱歌的场所，教师逐字逐句地教唱、学生逐句学唱，学生学会演唱整首歌曲后，教学阶段随即结束，转而进入练习阶段。音乐课堂缺乏创新性，学生的参与度自然较低。但是，以唱游作为主要教学方法，学生在课堂游戏、音乐表演等教学形式中，能够感受到音乐课堂带来的乐趣，自愿参与音乐课堂，进而改变参与度较低的现状。另外，在唱游教学过程中，音乐课堂的趣味性和生动性得到加强，学生的学习兴趣浓厚，自信心也明显提高，由此，唱游教学的有效性不断提升。

2. 新课标背景下唱游教学的教学形式

（1）情境渲染，感受音乐。低年级小学生对于音乐的感知力有限。他们从现有的知识水平以及认知能力出发，难以全面体会音乐作品的深意，也无法与音乐作品产生共鸣，而唱游课堂的初始阶段，最主要的任务就是让学生感受音乐、激活想象力，继而了解音乐作品的韵律节奏、主旨内涵等。基于此，情境渲染成了唱游教学的良好选择，教师可以结合音乐教材中的单元内容，创设与音乐作品紧密相连的情境，让学生在情境中连接课堂，初步感受音乐，并自然地过渡到教学环节，以情境为载体，为后续教学做好准备。

（2）模唱训练，学习音乐。在开展模唱训练活动时，教师不能一味地遵循传统课堂的教学模式，应以创新化和趣味化的手段，激发学生主动学习的欲望，让他们掌握歌曲的节奏和韵律，并能通过声势动作表现出音乐作品的强弱变化。如此，学生便可以掌握基本的音乐学习技巧，也能在学习更加复杂、更具难度的音乐知识时，灵活地应对。合作学习是在教师主导作用下，群体研讨、协作交流的一种学习方式，它能有效地改善学习环境，扩大参与面，提高参与度。在学习过程中，学生在与同学共同讨论、互相交流、一起表演中感受音乐、理解音乐。通过合作，有利于引导学生用不同的方式探讨和表现音乐，培养其参与意识、创造意识，产生创新思维。

（3）旋律游戏，探索音乐。唱游课堂的精髓在于音乐教学与游戏模式的有机融合，也就是说，只有音乐游戏完美地融合在音乐课堂中，小学生才能在课堂上表现出极强的参与欲望，音乐教学的实效性才能得以提升。因此，为了驱动学生自主探索音乐知识，教师可以在课堂上开展旋律游戏，鼓励学生在做游戏的过程中体会音乐包含的节奏和韵律，并在长期的课堂学习中形成较强的韵律感，激活音乐天赋。在参与游戏时，学生表现出了较强的参与欲望，不仅学习了音乐的旋律，还将现实生活中的元素连接到课堂上，进而更加全面地学习音乐知识。

（4）歌唱表演，表现音乐。学生表现音乐的能力直接反映了音乐课堂的教学效果。在以唱游为主要教学方法的小学音乐课堂上，教师应为学生提供歌唱表演的舞台，满足他们的表现欲望和好奇心，让他们将所学音乐知识应用在实际的表演活动中，在逐渐增强学生学习效能感的同时，提升他们对于音乐作品乃至音乐学科的兴趣。教师在引领学生开展歌唱表演活动的同时，也要充分发挥学生自主性，让他们在表演时主动对歌曲进行改编，以新颖的形式呈现，这样既能够增强学生的创造性思维，也能激发学生在音乐表演方面的潜能，一举两得。

（5）课堂总结，升华音乐。音乐课不应只包含教学和学习两方面，还应包含过程性评价，从而形成教、学、评一体的音乐课堂。在唱游教学中也是如此。因此，教师在课堂过程中应引导学生不断发现问题、分析问题和解决问题，将唱游课堂的教学效果最大化，以此达到升华音乐主题、拓展音乐教学范围的目的。另外，在评价的过程中，教师要关注学生的真实反应，积极主动聆听学生的反馈，从而做到以学生为主体的音乐课堂。

3. 新课标背景下唱游教学的过程方法

在本课的教学中，教师充分调动学生的听觉、触觉、视觉等，引导学生多感官地体验音乐，让学生在玩中学、动中学、乐中学，激发他们学习音乐的兴趣。本课所设计的贴春联、挂灯笼、发红包等一系列教学活动，既体现了趣味化、生活化、情境化等特点，也体现了音乐性，重视在音乐游戏和活动中渗透音乐基础知识和基本技能，发挥学生的主体作用，激发他们的主观能动性，调动学生参与活动的积极性，让学生始终处在过新年的欢快和愉悦的氛围中，同时也学会了歌曲的演唱。

总之，以学生为本的唱游音乐课堂是新课程理念下学生的一种重要的学习方式。作为一名音乐教师，在新的课程环境下，我们应当时刻把握"以学生发展为本"这根主线，使音乐课堂教学焕发出新的活力。

◆ **专家点评**

教学案例《过新年》是小学二年级音乐课程，《过新年》是一首以新年为主题的欢快的儿童歌曲，本堂课的教学紧紧抓住"过新年"这个主题，营造年味十足的学习情境，将音乐知识和演唱技巧学习转化为学生想一想、唱一唱、动一动、敲一敲等愉悦的活动，学生既学习了演唱，又从中感受到过新年的快乐。本教学案例有以下两个亮点。

一是充分利用传统文化元素凸显本课过新年的主题。本课中设计的贴春联、挂灯笼、发红包等一系列活动无不体现年味，并将歌曲中的歌词、乐谱等知识利用猜谜、歌曲接力等形式融合在这些趣味活动中，使教学始终处在过新年的欢快和愉悦的氛围中。

《过新年》是典型的具有民族风味的儿童歌曲，立春是中国二十四节气中重要的日子，春节最能体现中国传统的风土人情，唱出人们的美好祝愿是本课的教学主题。为了模拟各种传统风俗活动，强化教学主题，使学生感受和理解我国深厚的文化底蕴，这节课做了大量的案头工作。

二是凸显以学生为本的教学方式。本课打破了传统的"我教你学，我弹你唱"的音乐教学方式，在过新年的教学情境中，通过各种活动引导学生自主学习，小组合作，分析歌词，体会节奏韵律，学生不光是"演员"，更是"导演"。结合《过新年》歌曲中"咚咚咚咚锵"，让学生体会锣、鼓、镲烘托的节日气氛。

音乐演唱不光是唱，更多是演，体会歌曲的内涵，表达自己的情感，凸显自己的创意。新艺术课标指出"发展创新思维，运用有创意的方式进行创作、表演、展示、制作等艺术实践活动，学会发现并解决问题，提升创意实践能力"。本课中，学生不光在学唱歌曲，更多是在理解、体验和表达。

（课例指导与点评专家：巩平教授　北京教育学院）

第八章

"以学生为本"的教学设计：
小学体育

案例 11

小学二年级新授课：
《跳绳：连续单脚交换跳的练习与游戏》

基本教学信息

学科：体育　　课名：《跳绳：连续单脚交换跳的练习与游戏》年级：二年级

学生人数：36　课型：☑新授课　□复习课
　　　　　　　　☑单科课　□跨科课

◈ 《义务教育体育与健康课程标准（2022年版）》内容摘录

　　"体育与健康课程教学要实现从'以教为主'向'以学为主'的真正转变，促进学生形成积极的学习动机、学习态度和学习行为。"

◈ 教学设计

一、课标要求分析

　　《义务教育体育与健康课程标准（2022年版）》提出，水平一课程目标是"积极参与各种体育游戏，感受体育活动的乐趣，在体育活动中表现出不怕困难、努力坚持学练的意志品质，能够在体育活动中努力完成学习任务，在合作学习环境中爱护和帮助同学"。根据体育学习实践性和健康教育实用性特点，新课标强调从"以知识与技能为本"向"以学生发展为本"转变，重点通过体育游戏发展学生的基本运动技能，让学生在玩中学、玩中练，激发学生运动兴趣。

针对水平一目标，新课标专门设置基本运动技能的课程内容，包括移动性技能、非移动性技能和操控性技能，主要发展学生的身体活动能力，为学生发展体能和学练专项运动技能奠定良好基础。跳绳作为以跳跃为主的移动性技能和以绳为主的操控性技能，非常适合小学各个学段的学生，其器材简便，一根跳绳足矣；其场地要求不高，有块地方即可。经常进行跳绳练习，可以促进学生运动器官和内脏功能的发展，有助于保持体态健美，提高反应力和心肺功能，对发展弹跳力、灵敏性、协调性等身体素质有积极作用，深受小学生的喜爱，是推进全体学生体质健康发展的很好载体，也可以实现"以绳育人"的课程目标。

二、学习内容分析

本节课内容源自人教版教材《体育与健康》第二册第二部分"跳绳"内容，在一年级学习单脚交换跳的基础上，二年级进一步体验连续单脚交换跳，提高跳绳的轻巧、自然、连贯技能，体验身体的节奏感、时空感，发展身体灵敏性、协调性和弹跳力。

跳绳练习锻炼的是上下肢的协调配合、身体的快速反应、对时间和空间的感觉，发展观察、判断能力以及提高动作的准确性。技术动作学习的重点是当绳子落地的一瞬间，左（右）脚在前跨过后，右（左）脚随即跟过，绳从脚下依次过去。学生在练习中多观察、多模仿动作方法，通过教师示范、各种跳绳活动的练习等能够模仿出技术动作，并在同学们相互间的学习探究、合作帮助以及指导下连贯完成动作。通过学练让学生知道多样的跳绳练习对身体的锻炼价值，敢于展示所学的运动技能，并能参与小型花式跳绳比赛，懂得跳绳比赛中的互相保护与行为礼仪，从而达到全面提升核心素养的目的。

三、学生情况分析

二年级学生对体育活动的兴趣多表现为直接兴趣，他们模仿能力、想象力比较丰富，喜欢游戏。但学生的自控能力和认知能力较差，注意力较分散、不易集中，对体育活动的兴趣和热情来得快、去得也快，难以持久。因此需要设计多种练习方法和手段，采用不同教学方法与学习评价方式，为学生创造更多的学习机会，帮助每一位学生产生良好的学练体验，增强学习自信心，在原有的基础上获得更好发展。

《国家学生体质健康标准》1分钟跳绳测试结果显示，二年级学生优秀率为36％、良好率为44％、及格率为20％，没有不及格的学生。可见，大多数学生指向协调性、灵敏性、动作节奏感和下肢力量的素质较好，心肺耐力和速度相互配合也不错。特别是经常参与跳绳或者体育锻炼的同学，其基本运动能力都比较出色，身体素质出众，协调性较好，耐力、灵活性、节奏感等也比不经常练的同学出色。基于学生的不同基础，在教学设计中采用小组合作探究学习方式进行练习，基础好的同学帮助基础稍微薄弱的学生进行学练，使其能够有针对性地练习和指导。

四、学习目标

（1）知道并能说出连续单脚交换跳的动作名称，能够积极主动参与单腿交换跳的练习活动，能够模仿出跳绳中连贯的技术动作，协调发展移动性技能和操控性技能。

（2）能说出参与连续单脚交换跳前后的感受，具有时空意识和安全运动意识，练习中能与他人保持安全距离。

（3）愿意与同学进行小组合作学习与游戏，在活动中与同伴友爱互助，遵守纪律，文明礼貌，不怕困难。

五、学习重点

连续单脚交换跳的基本运动技能的动作，即当绳子落地的一瞬间，左（右）脚在前跨过后，右（左）脚随即跟过，绳从脚下依次过去。

六、学习难点

学练节奏感，跳起时机和上下肢动作协调连贯配合，在熟练基础上加快速度的练习。

七、设计思路

本节课是二年级基本运动技能单元中的跳绳主题小单元，是4课时小单元中的第2课时。第1课时为进一步掌握并脚跳（不加垫）的方法，提高跳绳能力，发展弹跳力和协调性，培养跳绳兴趣；第2课时为进一步掌握连续单脚交换跳的方法，提高跳绳能力，发展身体协调性，培养坚持不懈的品质；第3课时为运用并脚跳和连续单脚交换跳的小挑战，进一步激发学生的练习欲望；第4课时为通过小测验进一步巩固提高跳绳能力，了解学生掌握动作的情况，如30秒计时跳等方法。考虑到水平一学生情况，因此创设了多种形式的游戏和学练活动进行体验。如图8-1所示。

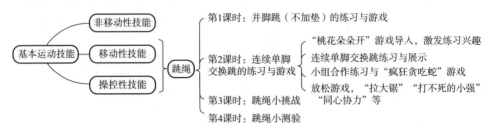

图 8-1　跳绳主题子单元课程设计

八、教学过程

教学环节及时间	学习活动工具	学习目标	教学事件	教学策略与过程	评估反馈
导入启动 6分钟	桃花朵朵开	习惯养成，了解学习内容，游戏导入提高参与积极性	1. 获得注意力；2. 交代学习目标；3. 激发动机和兴趣	1. 集合整队，报告人数，师生问好，宣布内容；2. 队列学习：原地踏步及转法；3. 游戏：桃花朵朵开 方法讲解：学生围绕本组地上摆出的跳绳圈造型进行慢跑，听到口令后迅速跑到离自己最近的圈中，没有找到圈的同学做三次下蹲以示惩罚；做完后游戏继续	能够快速对教师下达的指令做出反应
呈现展开 8分钟		在模仿多种跳绳练习方法过程中，体会基本技术动作	1. 帮助回忆旧知；2. 呈现信息和事例；3. 引导注意力	1. 口令指导徒手操练习 （1）肩关节练习；（2）手腕脚踝练习 2. 口令指导专项准备活动 （1）原地单脚跳圈练习；（2）高抬腿练习（4个八拍）；（3）半高抬腿练习（4个八拍）；（4）原地徒手模仿手摇绳练习；（5）原地单侧手摇绳交换跳练习	身体发热；微微出汗

教学环节及时间	学习活动工具	学习目标	教学事件	教学策略与过程	评估反馈
练习指导 21分钟	通力合作	1. 学练结合，加强对跳绳技术动作的模仿能力与创新，培养观察、合作学习能力； 2. 游戏设计采取互补原则，采用跑类游戏增加运动强度	1. 指导学习策略； 2. 练习指导； 3. 提供反馈	1. 教师指导学生集体练习连续单脚交换跳单个动作，为后续内容作铺垫； 2. 分组练习连续单脚交换跳，同伴带领练习技术动作（暂停练习，教师讲解易出现问题，优秀动作示范）； 3. 学生进一步练习连续单脚交换跳，教师巡视评价学生练习跳绳情况； 4. 小组进行连续单脚交换跳学习成果展示与评价（以鼓励为主）； 5. "疯狂贪吃蛇"游戏 （1）讲解方法：学生分成4组，两组面对面站立，开始后迅速跑到对面同学处，手拉手跑回本组拉下一名同学，直到所有同学都跑完回到指定位置，先完成的组获胜； （2）讲解规则：跑到位置后需要绕过标志桶，不能跨过标志桶；跑动过程中要注意安全手拉手，断开后拉起手继续比赛	1. 最佳表现组、最少失误组评选； 2. 比一比哪一组完成得最安全、最协同、最守规、最快速
结束收尾 5分钟		让身心得到恢复，与教师一起小结	1. 做小结与复习； 2. 再次激励与结课	放松游戏拉伸： （1）拉大锯； （2）打不死的小强； （3）金鸡独立； （4）同心协力	身心愉悦，并期待下节课继续学习

九、学习活动工具

工具 桃花朵朵开

1. 工具含义

"桃花朵朵开"是以游戏活动为形式的教学活动工具，是小时候玩过的游戏抢椅子和喊数抱团的结合，是本节课跳绳的活动工具。方法是学生围绕指定位置进行跑步，在听到不同指令后快速作出反应，到达离自己最近圈的位置，或一人或多人，循环多次进行游戏。

2. 工具用途

（1）以游戏的形式代替常规慢跑热身活动，提高学习积极性及运动量，减少运动损伤，为主教材做身体上的准备。

（2）新鲜的活动手段容易让学生动起来，不仅是身体上更是头脑上积极主动、自愿参与活动，提高学习兴趣。

（3）学生需要根据教师的指令迅速做出反应，有数量上的、位置上的，不但增加了师生间的互动，更是提高了学生的专注度以及分析观察能力。

3. 工具样例展示与微课活动案例

工具使用说明："桃花朵朵开"游戏的组织没有固定模式，可根据场地、学习计划进行特殊设计，可以作为游戏进行开展，也可以作为主教材的学习内容进行使用。

"桃花朵朵开"
微课活动案例

4. 工具运用流程（图8-2）

（1）教师口令引导"桃花朵朵开"，学生互动回答"桃花几朵开？"教师口令为"桃花2""桃花3"或其他朵数，学生根据指示进行抱团占位，或单独一人，或几人一组，待裁判确认结果后继续进行游戏。

（2）小组或全体同学以慢跑或跑类专项准备活动的形式进行。

（3）教师语言提示学生提高注意力，会随时改变指令，继续提高难度进行游戏。

| 师："桃花朵朵开" | 生："桃花几朵开" | 师："桃花___朵开" | 学生根据指令抱团占位 |

图8-2 "桃花朵朵开"工具运用流程图

5. 工具应用效果反思

"桃花朵朵开"游戏活动能够激起学生活动兴趣，调动积极性，学生很高兴参与游戏活动，同时师生间的互动也能够引发学生思考，提高学生的专注力。

6. 工具适用范围与建议

年级	学科	人数	课型	教学环节
□高	□语文	☑2人小组	☑新授课	□导入启动
□中	□数学	☑4人小组	☑复习课	☑呈现展开
□低	□英语	☑6人小组	☑活动课	☑练习指导
☑全部	☑其他	□全班	□其他	□复习总结
				□评估反馈

　　由于体育具有独特的学科特点，所以活动工具的设计都是以较开阔的环境作为参考，考虑到其他学科也可能会使用到此项工具，建议这项活动工具能够在场地比较宽敞的情况下使用，减少因场地狭小带来受伤的风险。"桃花朵朵开"活动的使用不限年级，各教学环节均可使用。教师可根据学情设计难易程度不同的游戏情境，游戏内容可以结合体育学科知识点进行整合，让学生在游戏的过程中体验到运动带来的乐趣。

◆ 教学反思：核心素养理念下小学体育游戏化教学策略

　　新课标要求体育教学要实现从"以教为主"向"以学为主"的真正转变，将过分关注传授知识与技能转变为培养学生核心素养，促进学生形成积极的学习内动力，针对这个问题，教师必须不断对体育教学手段推陈出新，才能带给学生更加新鲜的运动体验，从而使参与体育运动成为学生的自发行为，为体育教学目标的顺利实现创造有利的先决条件。从小学生的兴趣爱好和行为特征来讲，他们往往喜欢参与一些趣味化的游戏活动，因此教师只要根据学生的兴趣爱好设计一些具有游戏性质的运动项目，就可以产生较为理想的激趣作用。基于此，在新课改背景下的体育教学中，教师应该充分尊重小学生的兴趣爱好和心理需求，结合具体的体育课程积极开展游戏化教学。这样，既可以为体育课堂注入更多趣味元素，充分激发学生的运动兴趣，也能践行新课标指导思想，为学生构建寓教于乐的体育课堂，从而不断提高学生的运动能力，促进小学生身心健康成长。除此之外，教师在为学生设计体育游戏之前，还应深入了解学生的兴趣爱好和内在需求，这样才能使游戏运动项目更契合学生的兴趣点，设计一些内容丰富、情境真实、方法多样、互动良好的完整学习活动，引导学生在充分动起来的过程中享受运动乐趣，形成丰富、深刻的运动体验，在做中学、学中思、思中得，从而体现教师对学情的高度重视，最大限度地提高小学体育与健康教学质量。

本节课"以学生为本"的教学设计，主要体现在跳绳多样的学练和游戏体验提高学生参与度，让学生都能体会到运动带来的快乐，除了学习知识和技能之外，更要对同伴的表现进行自评与互评，通过自主-合作学习反思总结练习效果来达到提高水平的目的。"小老师们"的教学互动更是锻炼了他们的责任心与耐心，小组进行的成果展示也是对他们辛勤付出的一种展现，更是同学们集体责任感的体现，这种互相帮助、相互学习和游戏的方式充分诠释了"以学生为本"的原则。

1. 注重课堂教学生动导入，培养学生对跳绳运动的学习兴趣

教学导入是课堂教学的第一个环节，与学生学习兴趣的高低有着直接联系。成功的课堂教学导入能够使学生积极主动地参与课堂上的教学活动，使其以热情、饱满的态度进行学习。所以在小学体育跳绳运动的教学导入环节，教师可以设置一些趣味性导入项目，引起学生对跳绳运动的兴趣，促使学生积极主动地参与跳绳运动技巧学习，让学生通过跳绳运动锻炼身体、磨砺意志，深刻感受到运动乐趣，让学生真正爱上跳绳运动，喜欢上体育。在小学体育教学中，为了保证跳绳运动的教学质量并激发学生的参与热情，教师要引入多种类型的教学形式，组织丰富多样的教学活动，让学生在新型、多样的教学活动中不断地学习与进步，以提高学生学习效果。结合游戏、竞赛等设计丰富的教学活动，以吸引学生参与，让每一个学生在课堂上都能学到跳绳运动的技巧，达到良好的学习效果。上课前教师要充分了解学生基础情况以及兴趣点，把教学内容进行游戏化改变，让学生体验乐趣、做游戏的同时掌握一定的技能，让学生重视对所学项目的完整体验和实际运用，例如规定时间自选动作计数练习、1分钟连续交换跳、小组结合计时/计数接龙、10～20秒多人不同跳法接龙等，让学生对跳绳运动有全面了解。教学上要注重激发和保持学生的运动兴趣，提倡学生自觉、积极、主动地进行体育锻炼，体现学生的主体地位，发挥积极性和学习潜能，以提高体育学习能力。在单元跳绳教学时，用绳子捆绑轻物做搬运物体接力游戏，用双脚交换跳的方式做"踏石过河"游戏等，都能培养学生学以致用的能力，也提高了学生综合运用多学科知识与技能解决实际问题的能力。

2. 灵活运用多样教学方式，促进学生主动学练

组织小组合作训练，强化学生的合作学习意识。合作学习意识不仅是综合素质的重要组成部分，也是每个小学生都应该具备的思维品质。教师应该根据具体

的课程内容，积极组织学生开展小组合作训练。这样，一方面可以促进生生互动，实现优势互补，强化学生的合作学习意识与团队精神；另一方面，也能调动全体学生参与体育运动训练的积极性，凸显学生的主体地位，从而顺利构建自主、合作、互动化的体育课堂。由于学科特点，体育课更多的学习任务是学生通过身体练习完成的，经常需要学生相互讨论、帮助、保护，共同尝试练习完成。在跳绳教学时，采用提问式教学、小组合作、小组展示、讨论研究等，引导学生进行不同距离的行进跳、多人合作创新跳、不同次数的车轮跳等，培养学生的独立思考能力和团队精神，激发学生学习热情。让学生任选2～3种技术动作，配合音乐进行单人单绳组合技术动作的创新与展示，并体验基本脚步变化、摇绳变化、速度节奏变化等，培养学生的创新意识和能力，同时也给学生留有自主、合作探究学习的空间。

3. 重视游戏本身就是教育的综合性学习评价，培养学生的体育品德

体育品德不仅是体育核心素养中的重要内容，也是教师在小学体育与健康教学中所要培育的重点。新课改下的小学体育与健康教学也应该遵循德育为先的原则，教师必须积极为学生探索体育课程中的德育路径，着力加强德育元素渗透。这样，一方面，可以把握体育与健康教学改革的关键点，完善小学生的体育品德素养；另一方面，也能落实立德树人目标，实现体育与德育的顺利对接。首先，教师可以积极组织学生开展体育竞赛，通过向学生讲解竞赛规则等方式，培养学生的规则意识和体育精神，初步完善学生的体育品德。其次，教师可以重点培养学生的意志力，通过提高训练难度、加强语言激励等方式，帮助学生克服压力坚持完成训练项目。这样不但可以同步强化学生的身体素质和心理素质，也能培育学生的进取精神和坚韧品格，这些都有助于学生体育品德素养的建立和完善。游戏是培养学生体育品德的重要手段，可以最大限度地培养学生自觉能力和自律行为，因为在整个游戏过程中，每一个人都不愿自己因为自己的行为失误而破坏全队的成绩和名次，也不愿因违反规则使全队受罚或取消资格，使平时纪律较差的学生也能够养成遵守纪律的行为习惯。让学生在轻松快乐的学习环境中得到身体锻炼，同时也培养了学生积极思考、乐于交流、团结协作、努力坚持学练的意志品质。在教学活动中采用以游戏为主，学玩结合，让学生在练习中进行自主探索、在合作、交流中学习，扩展思维，培养创新精神与合作意识，自由挖掘课堂乐趣，自觉去完成任务。在教学时，根据跳绳活动情况和学生掌握跳绳动作的实际水平，按照单人—双人—多人—集体练习花样跳绳的多种方法，使学生的练习由简单逐步到复杂，掌握跳绳的动作和节奏。

游戏化学练体验活动，教师更重要的是要把学生的心理活动抓住，使学生乐学，这样教师的"教"与学生的"学"便形成合力，产生磁化效应。而这些学练体验活动也要从学生实际出发，要选择学生已有的经验和已掌握的有关体育内容，以教学内容为基础，培养学生解决问题的综合能力，从而产生个性化的感悟和体验，逐步形成积极向上的生活态度和价值取向。只有抓住了小学生的心理和生理特点，制订合理有效的教学策略，让他们真正喜欢上体育课，进而把学习过程变成学生积极主动学习的自觉行动，学生才能够得到深层次发展，体育课也会越来越有活力。

◆ 专家点评

在"以学生发展为本""以学为主"的课程理念指导下，为了促进学生形成积极的学习动机、学习态度和学习行为，该课以"跳绳：连续单脚交换跳的练习与游戏"为主题，通过多样化游戏活动体验，通过趣味性、挑战性学习活动，通过桃花朵朵开、通力合作学习活动工具，通过表现性、反馈性学习评价，进行了连续单脚交换跳绳的练习与游戏教学，符合课程育人需求和核心素养导向的教育教学，学生有了积极主动、全身心投入的学习体验，实现了"以绳育人"的课程目标。该课在教学设计与实施中具有三个方面的显著特点：第一，教学设计有"四个依据"，即依据新课标、教材内容、学生学情和达标测试，使教学有根、有底、有导向；第二，教学设计有较好的"单元意识"，将跳绳教学指向新课标水平一——学生的基本运动技能单元，以跳绳主要发展学生的身体活动能力；第三，教学实施有成效，明确指向《国家学生体质健康标准》项目和要求，对发展学生弹跳力、灵敏性、协调性等体能素质有积极作用。如果再反思改进，本课教学设计与实施"以绳育人""以绳强体"的理念可以更充分发挥，促进学生运动器官、内脏功能和心肺耐力的发展，使跳绳成为推进学生体质健康发展的载体；同时教学可以结合不同水平学生的跳绳基础做更精准的教学分层设计与实施，引导学生做跳绳能力的自我诊断与评价。

（学科指导与点评专家：潘建芬教授　北京教育学院）

案例 12
小学三年级新授课：
《快速跑：发展学生途中跑的能力》

基本教学信息

学科：体育　　课名：《快速跑：发展学生途中跑的能力》　　年级：三年级

学生人数：32　　课型：☑新授课 □复习课
　　　　　　　　　　☑单科课 □跨科课

◆ 《义务教育体育与健康课程标准（2022 年版）》内容摘录

"体育与健康课程要落实立德树人根本任务，坚持'健康第一'理念，以发展学生核心素养和增进学生身心健康为主要目的，以主动性教育理论为依据，构建学生的主体地位。要求教师'以学生发展为本'创设丰富多彩、生动有趣的教学情境，激发学生学习热情。"

◆ 教学设计

一、课标要求分析

《义务教育体育与健康课程标准（2022 年版）》中明确提出，田径类运动除了与其他类运动具有共同的育人价值和能力要求外，在发展学生的心肺耐力、肌肉力量、肌肉耐力、位移速度，提高学生的反应能力、注意力，培养学生勇于进取、坚忍不拔、挑战自我的体育精神等方面具有独特的育人价值。本课教学以学生现有的运动技能水平、兴趣爱好为出发点，在田径运动快速跑中发展学生快速移动的能力，提高学生的无氧代谢水平，培养学生主动学习的动机和自主学习的能力，注重"学、练、赛"一体化教学，并运用丰富多彩的体育游戏、灵活多变的教学手段引导学生对田径运动的兴趣，促使每一位学生在原有的基础上不断进步和发展。

二、学习内容分析

快速跑是三年级学生体育教学的主要内容和锻炼身体的重要手段，途中跑是快速跑教学的重点。"快速跑的途中跑技术"动作学习的重点是学生通过学练基本掌握步幅、步频和直线性对速度的影响。本节课为新授课，内容源自人教版教材《体育与健康》3～4年级全一册第四章"基本身体活动"部分。本单元是水平二学生跑类大单元中的快速跑小单元，快速跑单元共 4 次课，本课为第 2 次课，第 1 课时各种突发信号跑练习反应速度，第 3 课时终点冲刺跑，第 4 课时 50 米全程跑，如图 8-3 所示。

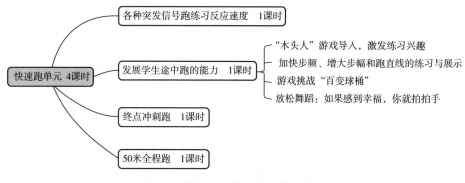

图 8-3 快速跑主题小单元课程设计

本节课快速跑的途中跑技术学习重点从步幅、步频和直线性 3 个方面进行分解展开，让学生多跟着音乐练习步频，连续迈过小方垫练习步幅，找准目标练习跑成直线。通过提升步频、步幅和良好的直线性，增强快速跑能力。途中跑技术学习培养快速跑的正确姿势，着重发展速度素质和协调能力。

三、学生情况分析

授课对象为三年级学生。三年级是从低年级向高年级的过渡期，学生生理和心理都有明显变化，对事物充满好奇且善于模仿，喜欢新颖的事物。他们已经具备一定走、跑交替能力，但跑的动作速度和直线性还需要进一步提升。在快速跑单元第1次课中，学生表现出：喜欢跟随音乐进行奔跑，更加喜欢追逐跑，相互奔跑去玩抓人游戏；会经常性回头观察同伴情况，乐于竞赛，有较强的表现欲；喜欢有一定难度的、多人或集体参与的活动，但注意力不太稳定。因此，本课利用音乐节奏练习步频，利用连续跨小方垫练习步幅，均是一种全新体验。没有直线标记能否跑成直线也是一种新挑战。本课遵循上下肢协调均衡发展，副教材内容利用已有器材进行协作式探究游戏，培养学生们的合作创造力，提高学生的综合素质。

四、学习目标

（1）运动能力：能够说出途中跑的基础知识和动作要领，并能用正确的动作、最快的速度和跑成直线的要求完成 30 米迎面接力跑，能够在参与游戏中发展一般体能和跑的专项体能。

（2）健康行为：能够安全地参与途中跑项目的学练、展示和比赛；跑步活动中能够控制自己的情绪，乐于与同伴分享自己的感受和体会；积极在校内外运用跑步健身，养成良好的锻炼习惯。

（3）体育品德：在学习活动中相互尊重、关心同伴，表现出全力以赴、遵守规则、服从裁判、勇于顽强、团结合作、公平竞争。

五、学习重点

加快步频、增大步幅，完成直线跑。

六、学习难点

身体姿态好，动作规范正确，上下肢配合协调。

七、设计思路

途中跑是短跑中距离最长、速度最快的一段，因而途中跑技术将对全程跑的成绩产生十分重要的影响，也是决定《国家学生体质健康标准》50 米项目测试的关键。

1. 课前调查
发现学生喜欢跑步时候有音乐，喜欢集体性游戏。

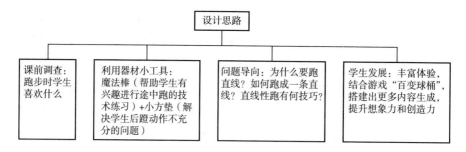

设计思路

| 课前调查：跑步时学生喜欢什么 | 利用器材小工具：魔法棒（帮助学生有兴趣进行途中跑的技术练习）+小方垫（解决学生后蹬动作不充分的问题） | 问题导向：为什么要跑直线？如何跑成一条直线？直线性跑有何技巧？ | 学生发展：丰富体验，结合游戏"百变球桶"，搭建出更多内容生成，提升想象力和创造力 |

2. 教学实施

（1）途中跑技术学练：原地摆臂练习、原地高抬腿以及原地后蹬腿练习。遵循循序渐进原则，由易到难，由原地到行进间。

（2）问题解决：提出跑的直线性问题，带着问题在体验中寻找答案，自主学习，分享交流给建议（跟随前面同学轨迹跑；看着远端目标跑；盯着地上白线跑），在激烈的竞赛中去展示。

（3）利用器材小工具：根据三年级学生的年龄特点，引入课堂小工具魔法棒、小方垫等，在游戏中激发学生学习兴趣，提升步频和步幅，发展速度素质。

（4）素养导向：运动能力（发展途中跑的能力，锻炼下肢）；健康行为（控制自己的情绪，乐于分享自己的感受和体会）；体育品德（遵守田径比赛规则，正确看待比赛输赢）。

八、教学过程

教学环节及时间	学习活动工具	学习目标	教学事件	教学策略与过程	评估反馈
导入启动3分钟	木头人	获得注意力，激发动机和兴趣	1. 获得注意力；2. 交代学习目标；3. 激发动机和兴趣	1. 提出本课练习内容，安全注意事项；2. 游戏：木头人 方法：在音乐下慢跑、跑跳步活动，每小组有1人持有魔法棒，全体同学逆时针绕大圈慢跑，持有魔法棒的同学会盯着不认真跑的同学用魔法棒触碰给予"冰冻"，被"冰冻"者就要原地进行开合跳，观察到小伙伴被"冰冻"后认真做练习，拍一下他就会"解冻"，然后继续游戏	通过观察谁不被"冰冻"、谁能帮助同伴"解冻"，判断学生学习准备状态

教学环节及时间	学习活动工具	学习目标	教学事件	教学策略与过程	评估反馈
呈现展开28分钟	魔法棒	知道途中跑摆臂、高抬腿、后踢腿的练习方法，发展步频	1. 呈现信息和事例；2. 引导注意力	通过节奏变化改变动作频率，根据击掌速度快慢，不断体验摆臂、高抬腿和后踢腿练习动作速度的变化。然后带着指定动作进行行进间"新木头人游戏"，促使学生动作定型，体能提升	通过游戏观察学生掌握动作情况给予"冰冻"或"解冻"，关注学习状态，及时调整
练习指导7分钟	蚂蚁搬大米	1. 知道增大步幅练习方法和总结跑成直线的方法；2. 初步掌握田径接力跑规则	1. 指导学习策略；2. 组织指导练习；3. 提供反馈	1. 跨小方垫，增步幅。指导学生用力蹬地跨过一定间隔的小方垫练习增大步幅。体操垫数量、间隔及连续性不同，满足不同学生的需要；2. 如何跑成直线？通过问题导向，学生在练习中体验总结出跟随前面同学轨迹跑；看着远端目标跑；盯着地上点跑及盯着跑道白线跑等方法；3. 组织比赛：30米跑接力，指导学生们用正确的动作快速完成接力任务，提醒遵守规则，不抢跑、不蹿道；4. 挑战游戏："百变球桶"，锻炼上肢，提升学生的想象力和创造力	观察学生指导后的蹬地和跑成直线等情况，对正确动作给予肯定鼓励，对错误动作给予提醒纠正
结束收尾2分钟		1. 身心放松；2. 感受成功；3. 总结分享	1. 做小结与复习；2. 促进迁移应用；3. 再次激励结课	1. 总结本课要点；2. 激励竞赛意志品质	通过观察评估学生状态，促进学生迁移应用

九、学习活动工具

工具 魔法棒

1. 工具含义

"魔法棒"是以自制泡沫棒为载体，安全地进行木头人游戏活动的教学活动工具，其内容是根据游戏规则手持魔法棒的魔法师可以"冰冻"他人，其他没有被"冰冻"的同学可以进行触碰"解冻"。持有魔法棒的魔法师可以根据活动要求寻找技术动作不达标的同学进行"冰冻"，教师或他人帮助被"冰冻"学生，使其动作达标后才能给予"解冻"。

2. 工具用途

(1) 激发学习兴趣。教师运用"魔法棒"活动工具容易让学生在课堂中积极动起来，通过木头人游戏调动学生学习注意力，激发学生的学习兴趣。

(2) 培养信息加工能力。"魔法棒"活动工具有助于教师把抽象的知识点具体化，让学生在游戏活动中掌握加快步频知识点，梳理相关知识点间的联系，培养良好的信息素养，让学生切实具备获取信息、传输信息、处理信息和应用信息的能力。

3. 工具样例展示与微课活动案例

活动以"新木头人"游戏形式进行，每组 1 人持有魔法棒，发放给学生魔法棒。

"魔法棒"微课
活动案例

在新木头人游戏环节中用了 6 分钟安排了 3 个小组活动分别展示了摆臂、前脚掌着地和高抬腿动作，运用工具魔法棒让大家通过练习掌握正确的身体姿态。持有魔法棒的同学有"魔力""冰冻"住任何人，它是善良、智慧和能力的化身。

4. 工具运用流程（图 8-4）

(1) 教师示范讲解正确动作，学生跟随模仿练习，然后进行游戏。

(2) 游戏过程中，被魔法棒"冰冻"住的同学，要原地进行相应动作的"小惩罚"，教师要对动作错误的同学给予关注和技术指导。待动作改进后给予及时"解冻"再进行游戏。

(3) 游戏结束，交回魔法棒。教师指导学生反思小结游戏活动感受和收获。

图 8-4   "魔法棒"工具运用流程图

5. 工具应用效果反思

（1）实践效果的反思。在这节课中运用了魔法棒工具，它在教学中的作用和价值是很明显的，课下访谈深受学生们欢迎，实践效果好，如学生认为有魔法棒的跑非常好玩，没有魔法棒比较枯燥；有魔法棒就感觉真的被带入游戏中了，如果没有魔法棒就感觉跑一跑就结束了；考验自己的自觉能力，被魔法棒碰到，自己要做正确的动作，否则不能被解救。

（2）实践问题的反思。在实践课堂上也发现了一些问题：如学生对魔法棒工具的理解和使用还没有达到运用自如的程度，顾此失彼的情况时有出现；场地如果再大一些，或者预先做一些标记进行游戏，可能学生练习和使用工具效果会更好。

（3）改进建议的反思。适当增加魔法棒的数量，让更多学生参与到魔法棒的使用中。

6. 工具适用范围与建议

年级	学科	人数	课型	教学环节
□高	□语文	□2人小组	☑新授课	☑导入启动
□中	□数学	□4人小组	☑复习课	☑呈现展开
□低	□英语	□6人小组	☑活动课	☑练习指导
☑全部	☑其他	☑全班	□其他	□复习总结
				☑评估反馈

"魔法棒"活动的使用不限年级，在体育学科各教学环节均可使用。教师可根据学情内容设计出不同的魔法棒，根据教学内容可以结合知识点进行使用调整。例如在跳远课上可将魔法棒当成标志贴，在呈现展开或练习指导环节开展活动，让学生在直观的标记下清晰地辨别差距。在足球教学活动中可将魔法棒当成障碍棒，在热身或课前导入环节开展活动，能够有效增强学生协调灵敏移动能力。

◆ 教学反思：精心创设活动情境，提升"途中跑"课堂教学效果

体育课程的创设情境教学是指在体育实践课中，根据教材内容，提供假设与预设环境，启发角色的自我投入，发挥想象与创造能力，启发学生思维，提高学生学习兴趣的教学方法。"新课标"课程理念注重教育方式改革中提到"创造丰富多彩、生动有趣的教学环境，帮助学生理解和掌握知识与技能。在小学体育课堂中要学会创设情境，使单一枯燥的练习变得具有趣味性，适合小学生的心理需求和学习需要，会使课堂教学变得生机盎然。"因此，体育教学活动必须以学生的自觉、主动为前提才可能取得好成绩。我们要在课堂中创设轻松愉悦的学习情境，营造宽松和谐的学习氛围，激发学生对体育的兴趣，激活小学体育课堂，从而实现促进学生身心健康发展的目标。如何提高体育课堂教学效果，是当今小学体育教育中探讨最多的话题。实践证明，在小学体育水平二的教学设计中创设情境，对激发学生学习体育的兴趣，提升教学效果有积极意义。本课就如何通过巧设情境提高"途中跑"教学效果谈谈自己的实践体会。

1. 创设游戏情境，激发学习兴趣

游戏是学生喜闻乐见的体育活动方式，喜爱游戏是小学生的天性。体育游戏内容丰富、形式多样，会深受学生的青睐。如果在体育课堂中创设游戏情境，不仅能激发学生学习兴趣，还能强化学生的运动参与度。不仅如此，游戏情境还能帮助学生在自然状态下掌握某种动作要领，从而达到提高教学效果的目的。

例如，在田径类大单元"途中跑"教学时，传统的教学方法是在田径场上教师组织学生分组进行练习，久而久之学生就会因注意力投入不够而产生懈怠，从而造成教学效果不佳的结果。在教学过程中如果采取融入游戏教学法，就能够大大激发学生参与运动的兴趣。教师通过传统游戏"木头人"，把学生引入到游戏的情境中，接着，教师又提出加入新的动作元素如高抬腿、摆臂、前脚掌着地等替换慢跑和跑跳步动作，学生既熟悉规则而每一次又有所变化，不断添加新规则元素就变成了新的游戏要求，学生喜欢游戏并愿意挑战游戏带来的新变化。有目的地改编游戏规则为更好地实现教学目标服务，层层深入递进式的学习更加符合水平二学生的实际需要。这样，"途中跑"教学就显得更有吸引力，既激发了学生练习"途中跑"的兴趣，也达到了教学的目的。将游戏法应用到小学体育田径类大单元途中跑教学中，学习氛围环境的改变能够最大程度地调动学生的参与积极性，学习兴趣大增。

2. 创设问题情境，引导学生自主探究

心理学家巴甫洛夫说过："问题是思维的动力，是探究的开始，是创新的源泉。"我们知道，小学生活泼好动，他们在体育课中有意注意时间短。而问题情境作为一种能够激活学生思维的教学方式，能有效地提升学生参与体育运动的兴趣。教师在体育教学中要积极创设合理有效的问题情境，引导学生带着问题去学练，不断给学生思考、学习的动力。这样，学生的注意力会提升，思维能够在潜移默化中得到锻炼。

例如，在"途中跑"教学时，如果教师只是说跑成直线或进行简单的模仿练习，那教学就如灌输式一样，学生只是感知动作的表面，对动作的理解无法深入，面对复杂的环境很难继续施行，如果教师在此时创设有效的问题情境，就能让学生更好地去思考跑成直线的意义。所以教师在"途中跑"的教学中，可以向学生提问："如何跑成直线?"学生会有不一样的回答，但是每一种答案都是他们自己总结出来的。在这样的问题情境下，教师将跑成直线的意义对学生进行阐述，并配合学生们的答案，使学生对跑成直线的动作理解更加深刻。

通过有目的的思考练习，学生的掌握的动作会更加深刻，50米运动成绩就会很快得到提高，这样，就取得了理想的教学效果。

3. 创设竞争情境，激发学习潜能

在体育教学中，"学以致用"至关重要。如何实现"学以致用"? 创设合理的竞争情境无疑是一条行之有效的捷径。所以，教师要根据教材内容以及学生的差异性，创设不同类型、不同层次的竞争情境。竞争情境的创设，不仅能活跃体育课堂氛围、提高学生学习兴趣，还能让学生投入更多的精力到体育学习中，从而提高课堂学习效率并培养学生的体育品德。

如，在"途中跑"的教学中，由于男女生差异化明显，因此在创设"比赛"情境时，一定要考虑到不同层次的学生，为其创设差异化的"竞争"情境，使每名学生都能融入比赛中。

4. 创设体验情境，感受学习体育乐趣

体验是每个人在生活中的真实感受，是一种基于人类本身的社会活动。基于此，在小学体育教学中我们应该为学生创设体验情境，让学生在真实的体验中感受学习体育的乐趣。例如，在教学"途中跑"时，开展"百变球桶"游戏，每个人手持一个纸球和一个锥形桶，两个一组开展抛接游戏，相互之间的合作体验学习促进学生之间友好沟通协作。这样的教学情境，能够把体育大单元的其他内容很好地渗透其中，从而让学生体验到学习体育的乐趣。教学实践证明，开展体验式教学法能

够达到增强体能的目的，而且在潜移默化中发展了学生个性。学生一看到场地布置的情境时就跃跃欲试，在练习过程中感受体育运动的趣味，学生掌握了训练内容与方法，从而产生身心愉悦的感觉，使课堂教学变得情景交融，寓教于乐。

游戏化教学迎合了小学生的求知心理，也可以满足当代教学的需求，尤其是对于训练强度大、技巧性强的短跑训练更是需要借助学生感兴趣的游戏活动，将短跑中的起跑技巧、加速跑方法、途中跑要领和合适的游戏活动结合起来，从而不断激发学生参与训练的热情，掌握短跑技巧与方法，以此为基础不断提升学生短跑综合素质。

小学体育教学，在"以学生为本"的体育课堂创设情境不仅是一种高效的课堂理念，更应该作为每一位体育教师的价值追求。我会在体育课堂的实践中继续努力，找到促进学生成长之道。

◆ 专家点评

该课在"以学生为本"的教学设计中，在从"以知识与技能为本"向"以学生发展为本"转变的教学中，做了有益的探索和实践，主要体现在以下三个方面：首先，抓住水平二学生的学习特点，在快速跑途中跑技术学习中，以游戏为主开展教学，如木头人、新木头人、百变球桶游戏和30米接力比赛等，激发学生学练快速跑的兴趣。其次，抓住田径类教材的特点，特别是跑作为人重要的身体基本活动能力之一，将途中跑的教学设计作为一种与生活联系最为密切的实用技能，没有深教细教，但不断变换形式和要素来进行练习，如跑与跳、跑与跨、跑与接等不同动作之间的组合练习，提高学生途中跑的能力。第三，抓住开放性学习资源，开发和充分利用木头人、魔法棒等学习活动工具，跟随音乐的节奏跑等，让学生在生动有趣的活动情境中学习、体验和运用途中跑的各种技能，锻炼学生跑的相关体能，全面发展学生体能，重点发展学生途中跑的能力。建议该课在教学设计与实施中，可以更充分地分析和挖掘田径项目的育人价值，通过设置的游戏、情境和挑战性学习任务，培养学生不断挑战自我、坚忍不拔等精神，充分地发挥田径项目的独特价值，在促进速度本身提高的同时，提升运动技能、身体协调性、下肢力量等，促进国家学生体质健康标准50米测试的成绩提升，并对其他项目产生正向的迁移作用。

（课例指导与点评专家：潘建芬教授　北京教育学院）

第九章

"以学生为本"的教学设计：小学美术

案例 13

小学二年级新授课:《丰收了》

基本教学信息

学科: 美术	课名:《丰收了》	年级: 二年级
学生人数: 40	课型: ☑新授课 □复习课 ☑单科课 □跨科课	

◆ **《义务教育艺术课程标准(2022年版)》内容摘录**

"教师要创设丰富多彩的教学情境,综合运用多种教学方法和形象直观的教学手段,结合1～2年级学生的生活经验,围绕本学段的学习任务,发掘与学生生活经验相关或学生感兴趣的情境素材。基于1～2年级学生的身心特点与学习能力,开展生活化、情境化、趣味化、综合化的造型美术学习活动。"

◆ **教学设计**

一、课标要求分析

本课属于"造型·表现"学习领域,是小学低年级第一学段(1～2年级)美术课程内容。《义务教育艺术课程标准(2022年版)》提出,低年级"造型·表现"艺术实践类课程涵盖4项具体学习内容以及4项学习任务,着重培养学生的美术核心素养能力。本节课的教学目标着重落实以欣赏身边的美、表达自身感受以及参与造型游戏活动为学习任务，培养学生平面造型的表现能力。在教学设计中运用多种材料和手段，体验造型乐趣，强调感受、体验和游戏性，看、画、做、玩融为一体，模糊学科门类界线。依据《义务教育艺术课程标准（2022年版）》中提到美术课程的价值体现，本课内容源于生活，意在陶冶学生的情操，提高审美能力的同时，发展学生的感知能力和形象思维能力，将美术语言（造型元素和形式原理）贯穿其中。通过学生自主探究学习等方式，巩固画面遮挡知识，提高画面构图的能力，培养学生审美感知与艺术表现的艺术素养。

二、学习内容分析

本课内容取材于人民美术出版社出版的教材《美术》二年级上册第3课《丰收了》中新授部分的主要内容，在一年级《多彩的秋天》《画蘑菇》等课的色彩、构图知识的基础上引导学生进一步体会秋天、丰收等知识内容，感受生活中的美，通过看、摸等直观活动感受秋天丰收的乐趣等，针对学生对秋天收获果实的特点（如质地、气味、色彩等）还不十分了解这一状况，通过游戏接力的方式进一步加深学生对收获的认识，使学生接触一些简单的探究问题的方法。

针对低年级学生对丰收知识的已有认知，本课教学内容运用基本形表现法，将丰收果实的外形特点及表现遮挡关系进行合理的构图，结合学生对蔬菜水果的了解，进一步加深学生对丰收的认识和感受，培养学生自主探究学习的能力。

三、学生情况分析

通过一年级中《画蘑菇》一课中学生对"遮挡关系"的初步感知和在《多彩的秋天》一课中学生对秋天丰收的基本色彩感受，学生的理解和判断能力都有了一定提高，对本课的学习内容已经具备了理解和吸收的能力。在学情调查中发现，大部分学生对丰收物品分门别类的活动很有兴趣，而且这种能力在以后的生活中是非常实用的。二年级学生具备一定的运用基本形造型表现能力，能够简单地进行画面组织，对画面的遮挡关系有一定了解，但是在课前调查中还发现，一部分学生可以做到画面饱满，一小部分学生在构图上画面大小、前后关系还不够合理，对画面整体构图关系的处理能力还需要进一步学习和培养。

四、学习目标

（1）了解丰收的含义及农作物果实形态特点。

（2）理解画面的遮挡关系。

（3）学会用画、剪贴的方式表现丰收场景。

五、学习重点

学会用基本形概括法表现果实。

分析措施：通过游戏"果实对对碰"将常见果实与基本形连线，学生先利用学习单进行独立学习，再小组合作，探究果实外形的概括方法。

六、学习难点

学会处理画面构图中物体之间的遮挡关系。

分析措施：通过游戏"果实堆堆堆"将果实用拼摆的形式进行动手探究，发现问题，解决问题，复习画面构图中遮挡关系的知识点，并巩固"前挡后、小挡大、下挡上"的摆放方式。

七、设计思路

基于"以学生为本"的教学原则提出本课的教学设计，以情境、游戏为设计特色，突出"使用活动或资料来激励学生"的原则展开设计。在教学目标的基础上设计活动工具，其中"游戏通关"就是以逐层递进的活动和资料激励学生积极参与学习探究活动，将教学重难点分层细化在活动中，最终达成教学目标，在最终的展示评价活动中将教学目标中的重难点知识提炼升华，梳理为学生易掌握的评价量规。

八、教学过程

教学环节及时间	学习活动工具	学习目标	教学事件	教学策略与过程	评估反馈
导入启动 1分钟	动画助手	激发学生学习兴趣，引出本课主题	获取注意力	播放儿歌，出示本课主题	观察学生情绪状态
呈现展开 16分钟	游戏通关	体验三个丰收游戏，学习和掌握本课重难点知识	呈现信息和事例	1. 引导学生感受丰收乐趣；2. 学生进行游戏活动：果实猜猜猜、果实对对碰、果实堆堆堆	1. 观察学生独立思考与合作探究学习状态；2. 通过小组汇报了解重难点知识掌握情况

教学环节 及时间	学习活动 工具	学习目标	教学事件	教学策略与过程	评估反馈
练习指导 20分钟	小小 美术馆	以学生相互评价作品，培养学生审美判断能力	1. 组织指导练习； 2. 激发动机和兴趣	1. 教师示范，指导学生创作； 2. 学生作品展示，评价作品	1. 通过学生创作情况及时给予指导； 2. 鼓励学生积极思考
结束收尾 3分钟		欣赏不同类型的作品	促进迁移与应用	欣赏作品，引导学生课外积极思考和创作	观察学生状态

九、学习活动工具

工具1 游戏通关

1. 工具含义

"游戏通关"是以递进式的三个游戏为主要活动，内容是本课教学目标中涉及的相关重难点知识，包括本课主题含义、文化渗透、学生体验、实际应用、合作探究等教学活动。本工具依据《义务教育艺术课程标准（2022年版）》中对第一学段的学习任务5的要求，组织学生参与班级或小组开展的艺术及其他学科结合的造型游戏活动，初步形成综合探索与知识迁移的能力，教师课前根据教学内容，运用多媒体或实物道具制作游戏要求与所需内容，在课堂中通过学生的独立思考和合作探究，逐层深入解决本课教学重难点。

2. 工具用途

（1）运用有趣的游戏逐步深入，调动学生积极性，激发学生学习兴趣。

（2）培养学生独立思考与合作探究的能力，让学生在游戏中掌握重难点知识，梳理知识点之间的联系，培养思考判断与人合作的能力。

（3）体现《义务教育艺术课程标准（2022年版）》"能够尊重同学的作品，理解他人的看法"的学业要求。

3. 工具样例展示与微课活动案例

"游戏通关"工具制作没有特定格式和内容，游戏主题依据课程教学内容自主设计。游戏之间是逐层递进的关系，逐步深入地呈现本课的教学目标与重难点。

"游戏通关"微课
活动案例

（1）果实猜猜猜。学生以个体形式，通过用手触摸，用口描述，用眼观察，获得游戏果实，调动触觉、嗅觉、视觉多感官参与（图9-1）。

图 9-1 "果实猜猜猜"样例展示

（2）果实对对碰。学生先独立完成学习单，找出水果对应的图形后，与同伴合作交流修改，最后以汇报成果形式进行表述（图9-2）。

（a）学具展示 （b）活动样例

图 9-2 "果实对对碰"样例展示

（3）果实堆堆堆。利用各种水果图片与画框学具，通过学生合作拼摆，发现画面构图中存在的不美观的问题，通过教师引导，解决物体遮挡关系的处理方法，学生再次合作修改构图（图9-3）。

（a）学具展示 （b）活动样例

图 9-3 "果实堆堆堆"样例展示

4. 工具运用流程（图9-4）

（1）活动以小组合作形式进行，可以 2～4 人一组，发给学生相关学习单、实物教具。

（2）教师运用多媒体创设游戏情境，学生进行独立思考或小组合作探究，并由学生自主探究。

（3）学生小组之间对游戏内容进行探究、讨论、创作。

（4）学生提交游戏成果。

图 9-4 "游戏通关"工具运用流程图

5. 工具应用效果反思

在新授环节使用"游戏通关"工具，进行三个递进式的学习活动，以丰收果实的游戏逐步深入，引导学生掌握美术造型的学习方法，帮助学生逐一解决本课的学习重点与难点，激发学生学习兴趣，培养学生小组合作探究的意识与主动参与教学活动的学习习惯，学生参与度高，积极认真。

6. 工具适用范围与建议

年级	学科	人数	课型	教学环节
□高	□语文	☑2人小组	☑新授课	□导入启动
□中	□数学	☑4人小组	□复习课	☑呈现展开
□低	□英语	☑6人小组	□活动课	□练习指导
☑全部	☑其他	☑全班	□其他	□复习总结
				□评估反馈

"游戏通关"活动使用不受年级、学科限制，在呈现展开环节使用可以逐层深入地引导学生主动学习，掌握教学内容的重难点知识。学生在学习活动过程中通过 2～3 个游戏，维持积极的学习兴趣，在新授知识内容的学习和掌握中主动接纳和探究学习内容。本课中学生始终围绕丰收情境展开三个丰收果实的游戏，学生反应热烈，思维活跃，参与度高。在以往的此类新授课程中也有类似活动工具，可以结合课程主题，设计并列或递进的不同游戏，让学生在有趣的游戏中掌握知识点。

工具2 小小美术馆

1. 工具含义

"小小美术馆"是以学习情境为主题的教学活动工具。依据《义务教育艺术课程标准（2022年版）》中情景素材建议的内容，本学段教学时，教师要创设丰富多彩的教学情境，综合运用多种教学方法和形象直观的教学手段，发掘与学生生活经验相关或学生感兴趣的情景素材，结合学习情境提出相关的创作标准、评价标准，展示评价以学生为主体。

2. 工具用途

（1）教师运用"小小美术馆"活动，调动学生创作积极性，通过评估奖励机制激发学习兴趣，帮助学生树立信心。

（2）教师在学生的自主评价活动前设计相应的作品评价标准量规，从美术学科核心素养的几方面进行相应的评估，学生围绕量规进行主动评价，培养学生学会美术评价用语，提高学生审美判断能力。

（3）体现《义务教育艺术课程标准（2022年版）》"能够尊重同学的作品，理解他人的看法"的学业要求。

3. 工具样例展示与微课活动案例

"小小美术馆"使用的主题、道具没有特定形式，可以是与本课情境相关的题目、道具、展示区，评价量规要呈现出本课的教学重难点知识，既要让学生易于操作，又富有艺术性和乐趣。本课中围绕丰收情境与游戏环节主题，设计"丰收果园摘果子"的小小美术馆展区，评价标准体现教学重难点和学生应掌握的知识点。

"小小美术馆"
微课活动案例

4. 工具运用流程（图9-5）

（1）全班学生共同参与活动，由学生主动参与将作品投放在展示区。

（2）教师梳理本课展示评价环节的评价量规，学生明确评价标准。

（3）学生自主进行评价过程，并由教师指导反馈。

作品投放 ➡ 明确评价量规 ➡ 学生自评互评 ➡ 师评总结

图9-5 "小小美术馆"工具运用流程图

（4）根据学生评价，鼓励优秀作品的学生，树立艺术自信。

5. **工具应用效果反思**

"小小美术馆"工具的活动形式学生比较熟悉，相比日常教学，本课中特别添加丰收情境，学生自主评价自己的作品，投放在"丰收百果园"中，全班学生共同参与，积极性高，并通过学生互评、师评的方式引导学生发现作品中的闪光点，激发学生学习兴趣。

6. **工具适用范围与建议**

年级	学科	人数	课型	教学环节
□高	□语文	□2 人小组	☑新授课	□导入启动
□中	□数学	□4 人小组	□复习课	□呈现展开
□低	□英语	□6 人小组	□活动课	□练习指导
☑全部	☑其他	☑全班	□其他	□复习总结
				☑评估反馈

"小小美术馆"活动的使用不限年级，以美术、书法等课堂完成作品类的学科为主，在课堂教学的评估反馈环节使用易于操作，效果全面。可以根据本课的学习主题设计不同的活动方式，如在本课中采用的是"丰收果园摘果子"主题，情景设计以丰收为主，学生以自己的作品换取摘果实，参与过程积极主动，评价用语规范，有美术学科特色。

十、板书设计

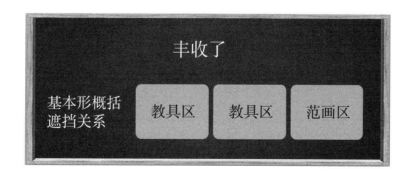

◈ 教学反思：基于"创中学"理念的美术教学实践与思考

伴随着创客运动进入基础教育领域，"创中学"（learning by making）的理念日益受到普遍关注。"创中学"是"做中学"在信息化时代背景下的升华，除了促进学生在亲身动手、活动或体验中获得知识和能力之外，还致力于帮助学生学会利用各种先进的技术手段和材料，懂得团队合作以及增强创造的自信心、毅力和成就感。

《义务教育艺术课程标准（2022年版）》中指出，要聚焦核心素养，组织课程内容，其中创意实践包括营造氛围、激发灵感，对于创作过程和方法进行探究与实验，生成独特的想法并转化为艺术效果。《丰收了》一课是小学低年级的课程，基于第一学段在"造型·表现"学习领域中对组织学生积极参与造型活动的学业要求，本课以"游戏接力"的教学策略工具为抓手，结合新的艺术课程标准的要求，在低年级美术课堂中进行游戏化教学活动的设计与实践。

1. "创中学"理念下游戏化教学特征

游戏化教学其本身就具有趣味性、多样性的特征。合作则是个体在认同团队或组织共同愿景的基础上，积极主动承担分内职责，并本着互尊互利的原则、通过与团队不同成员间的平等协商，灵活地做出妥协、解决争议，实现共同目标的过程。而结合"创中学"理念中"致力于帮助他们学会利用各种先进的技术手段和材料，懂得团队合作以及增强创造的自信心、毅力和成就感"的特征，游戏化的教学课堂更加丰富多变，以游戏为主线贯穿各种知识，学生更加投入其中，并可以发挥主观能动性去参与探究，从中懂得团队合作的力量大。

2. "创中学"理念下游戏化教学设计思路

"创中学"理念下游戏化教学设计思路一定不能拘于形式，要结合每节课的目标与重难点，设计不同的游戏策略。

以本课为例，《丰收了》属于"造型·表现"学习领域，分析其教材，它与一年级《画蘑菇》等课形成画面构图知识联系，是《画蘑菇》一课中遮挡关系知识点的深入提升。二年级学生具备了一定的运用基本形造型表现能力，能够简单地进行审美感知，对画面的遮挡关系有一定了解，但是学生对画面整体构图关系的处理还需要进一步学习和培养。在这一系列的分析基础上，本课的新授环节使用了三个递进式的游戏贯穿教学过程，从触觉到嗅觉、视觉多感官感受，多样化的游戏内容让学生从个体参与到合作探究，既要照顾到全体学生的认知水平，又要标新立异、清晰易懂，学生更加乐于参与其中，激发了学习兴趣，并沉浸式体验美术学习乐趣，从而帮助学生"创造性"发现探究。

3. "创中学"理念下游戏化教学活动方法

"创中学"重在"创"，教师"创"才能启发学生"创"，新课标对于"创新"以"游戏""情境"等关键词关联，本课的情境创设是基于学生的生活经验，从学生熟悉的动画入手，激发学生学习兴趣，然后是现实生活中的丰收景象，通过递进式的游戏化教学策略，学生初步感受到丰收的含义，掌握本课重难点的同时从生活中的经验感受丰收的喜悦，围绕丰收情境呈现展开，收尾以学生的丰收果园摘果子活动达到课堂高潮。

（1）游戏的设计要贴近学生生活经验，游戏要新颖有趣。如"猜猜猜""对对碰""摘果子"等词汇符合低年级学生认知，学生很熟悉。多样性的资源调动学生多种感官。如游戏"果实猜猜猜"中教师带来了一个丰收果篮，请同学们和教师一起做游戏：要求摸一摸它的形状，猜猜它是什么果实，然后闻一闻、看一看，找出它的外形特征，调动学生多种感官深入感知一种果实，还可以获得果实加深印象调动积极性。

（2）课程教学设计要紧抓目标与重难点，不能天马行空。依据学情分析，将教学目标分为三个不同的难易程度：先是从直观上感受和了解本课的含义和情境的创设，学生基本可以全部达到了解丰收概念与感受丰收喜悦的目标；然后，将本课的主要学习内容遮挡关系放在第二层目标，在一年级美术课《画蘑菇》的基础上进一步探究物体之间遮挡关系的表现方法，这种探究不局限于绘画等形式，目的是让学生加深对遮挡关系的印象和理解；最后，最终目标则是学会用绘画或剪贴的方式表现丰收果实作品，从中体现出前两部分的目标成果，即基本形的概括方法与遮挡关系的体现。

"果实猜猜猜"目标在于感受丰收喜悦的同时，初步多感官感受果实的外形特征，并引入情境进入下一个活动"果实对对碰"，然后是全体学生通过独立思考与团队合作的方式进一步探究果实的外形特征，并用基本形概括的方法表现简单的果实形象。这两个活动从易到难，递进式的活动使学生能用基本形概括法表现果实，以解决本课的教学重点。最后是"果实堆堆堆"，用学生易于理解的直观教具，通过拼摆感受物体之间的遮挡关系。学生自主探究为主，教师在过程中加以指导，随时评估反馈给学生，用教师示范和名作赏析的方式指导练习，以解决本课的教学难点。三个游戏从易到难，从个人到合作，逐层递进地帮助学生掌握本课的学习重难点，激发学生的学习兴趣。

（3）游戏化的设计要有整体性，围绕大情境设计，以激发学生的学习兴趣。如本课设计的是丰收场景的大情境，从情景导入、呈现展开到最后的评估反馈，以丰收情境贯穿始终，教具学具设计以丰收果实为基本元素，主要的游戏活动工具也围绕丰收情境前后衔接。

4. "创中学"理念下游戏化教学评价方式

在"创中学"的理念中强调学生为主体，注重提升能力，作为美术课重要的评价环节，贯穿游戏化的教学评价方式也极大地提升了学生审美感知能力，也是从"立德树人"的角度促进学生形成团队意识、提升审美修养的过程。评一评哪组做得最好，强调学生个体心理品质的训练、心理素质的养成、团队精神的形成，使学生不以自我为中心，而从集体的利益出发，让他们明白成功的作品属于自己，也属于集体。

在评价过程中，学生将自己的作品大胆地拿出来，就是对自己的肯定与自信。通过教师的评价鼓励，再一步升华对学生的肯定，从而创造性地、多角度地给予学生信心，激励良好的学习品质形成。

在整个课堂教学与设计中，学生高度参与，既照顾到全体学生的探究学习，又兼顾到个别学生的认知水平差异，让每个学生都可以动手实践，调动学生的积极性，同时在课堂上更加关注学生的生成与反馈，做到教师少说话，学生多说、多练、多展示，才能真正做到"以学生为本"。

◆ **专家点评**

美术教学案例《丰收了》是小学二年级的课程，教师以收获丰收果实为教学情境，引导学生发现探究各种自然形体的美感，包括形状、色彩、肌理、味道等各种感受，并运用美术技法将其组成美丽画面，凸显了艺术新课标提出的审美感知、艺术表现、创意实践与文化理解的核心素养理念。

本教学案例中，教师根据小学二年级的学习心理特点，采用游戏教学法，设计了"游戏通关"的教学工具——"果实猜猜猜""果实对对碰""果实堆堆堆"三个游戏，教学以学生为本，以小组合作探究为教学形式，以学生自我评价和相互评价为评价方式。对学习中的重难点有解决措施，对我们的教学研究具有探讨价值。

《丰收了》教学案例特色在于运用了情境教学法：丰收的喜悦（情感）；丰收的果实（形体）；丰收的联想（绘画）；丰收的感悟（评价）。新艺术课标中指出，情境教学法的核心在于激发学生的情感和创新思维。在解决问题中、真实情境中、文化气氛中、合作学习中，融语言描绘、课内游戏、角色扮演、诗歌朗诵、音乐欣赏、艺术表现等于情境中，使学生在快乐中学习。本教学案例中，通过"丰收"这个主题，让学生始终处在"收获季节"这个情境中，在儿歌的导入、丰收采摘情境再现、"果实堆堆堆"游戏、"小小美术馆"各个教学环节始终体现学生自主学习、快乐学习、探究学习的理念。

（课例指导与点评专家：巩平教授　北京教育学院）

第十章

"以学生为本"的教学设计：心理健康

案例 14

小学四年级新授课：《"分心怪"大作战》

基本教学信息

学科：心理健康　　　课名：《"分心怪"大作战》　　　年级：四年级

学生人数：37　　　课型：☑新授课　□复习课
　　　　　　　　　　　　□单科课　□跨科课

◈ **《北京市中小学心理健康教育工作纲要（2014 年修订）》摘要**

　　"中小学心理健康教育，有利于提高中小学生心理素质，促进其身心健康和谐发展，是全面推进素质教育的重要组成部分。中小学生正处于身心发展的重要阶段，在学习、生活、自我意识、情绪调适、人际交往和生涯规划等方面，会遇到各种各样的心理困扰或问题，因而，在中小学开展心理健康教育是学生健康成长的需要，也是全面推进素质教育的必然要求。"

◈ **教学设计**

一、课标要求分析

　　《北京市中小学心理健康教育工作纲要（2014 年修订）》（以下简称《纲要》）指出，心理健康教育有五大内容领域：认识自我、学会学习、人际交往、情绪调适、生涯规划。在"学会学习"内容领域中强调，小学中年级阶段要帮助学生形成良好的学习态度，培养探究精神；面对学习难度的增加，引导学生敢于面对困难与挑战，有意识地调整学习方法，提高学习效率。注意力对小学生来说是非常宝贵的资源，作为信息加工中的重要心理机制，其重要性也清晰地显现出来，尤其是在中小学生的教育教学活动中，注意力与学习活动的关系更加突显，培养良好的注意力品质是提升小学生学习能力的基础条件。

二、学习内容分析

根据《纲要》要求，授课教师在"学会学习"内容板块自主研发了关于注意力的课程。该课程内容分为三课时，第 1 课时的主要内容是注意力的重要性以及简单的提升注意力技巧，本课为第 2 课时，主要内容是在具体情境中如何提升注意力，第 3 课时的内容主要是注意的分配，如图 10-1 所示。

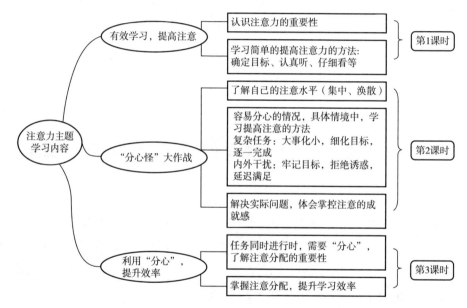

图 10-1　注意力主题学习内容框架

在第 1 课时《有效学习，提高注意》中，学生已经认识到了注意力的重要性以及简单的提升注意力的方法，如明确目标、认真听、仔细看等。本节课则在第 1 课时的基础上，引导学生觉察自己的注意水平（集中或涣散），了解容易分心的两种情况（复杂任务不容易专注和干扰分散注意），在情境中探究方法，尝试使用"大事化小"、细化目标、牢记任务、排除干扰等方式提升注意力。

三、学生情况分析

本节课授课对象是四年级学生，这个阶段学生的注意力特点表现为上课注意力集中的时间随年龄在增长，注意的分配能力也在逐渐提升。同时，四年级的学生自控能力还在发展中，容易受到外界干扰，在上课过程中注意力不能高度集中，非常容易出现上课分神、讲小话、好动、做作业马虎粗心等不良学习行为，影响学习效率。

在咨询过程中，部分四年级学生透露由于学业压力比较大，课内课外任务较多，难以集中注意力，从而产生学习焦虑，影响学习效率。通过对四年级学生的注意力问题调研显示，有70%的学生遇到过"分心"的困扰；将近40%的学生知行不一，知道一些提升注意力的方法，但在具体的情境中很难觉察到自己的分心情况，进而不能有效提升注意力。如目标众多，不知道从何处入手，从而无法完成任务，其实也是注意力不集中的表现。

四、学习目标

(1) 尝试觉察自己的注意水平（集中或涣散）。

(2) 了解容易分心的两种情况即复杂任务不容易专注和干扰分散注意，尝试使用大事化小、细化目标，牢记任务，排除干扰的方式提升注意力。

(3) 体会掌控自己注意力的成就感和愉悦感。

五、学习重点

依据《纲要》的要求和教学内容分析，本课的重点是帮助学生了解容易分心的两种情况，知道用任务分解做计划和心理暗示、延迟满足等方法提高注意力。

六、学习难点

根据学情和教学目标，本节课的难点是能够觉察自己的注意水平（集中或涣散），积极运用恰当的方法解决分心问题。

七、设计思路

在学生为本理念的指导下，本课的教学设计希望通过为学生提供复杂真实的情境问题，促进学生深度体验，使学生在活动中唤起内在经验，触发内在情绪情感，以其已有的心理结构去理解、感受、建构、生成意义，实现内化。

1. 基于学生学情，确定主题活动

课前，从访谈中了解到四年级学生对提升注意力有诉求，进而进行了关于注意力的调研。调研发现，四年级学生已经掌握一些简单的提升注意的方法。同时也存在觉察意识不够、不清晰、注意力不集中、不能恰当地运用方法等问题。基于学情，结合小学生年龄特点，确定了"'分心怪'大作战"的主题活动。

2. 注重全员参与，设计了促进学生深度体验的活动

活动作为基本形式是为了促进学生体验，唤起经验，用已有的经验去理解、感受、建构、生成意义，实现内化。学生是学习的主体。没有学生主体参与的活动是没有教育意义的。

为了让学生全员积极参与学习过程，本节课活动设计以"分心怪"的怪物卡牌为主线，学生化身"魔法师"，完成卡牌资料，将抽象的概念具象化，在吸引学生兴趣的同时，方便学生理解和解决问题。

第一个活动是"'分心怪'大作战"。在这个环节，教师使用"任务卡"为活动工具，以小组为单位，全员都有情境任务，根据任务内容完成活动。模拟了生活中在复杂任务的"攻击"下，很难集中注意力完成任务的情境，基于情境中的体验，联系生活实际，小组成员分享感受，结合原有经验自主探讨防御方案，解决"分心"问题。老师提炼总结学生经验，再次进入任务情境，检验防御效果。

第二个活动是"正念练习"。教师让学生沉静下来，体验注意力完全集中的世界，提高学生的觉察能力，感受高度集中的舒适感和满足感，进行积极应用。

第三个活动是"防御指南活动"。教师给学生卡牌框架，学生自己进行知识的梳理，检验知识的掌握程度，同时进行拓展，梳理本课学习两种的"分心怪"的攻击招数（复杂任务攻击、诱惑干扰攻击）和防御方法（大事化小、细化目标；牢记目标、拒绝干扰）外，思考"分心怪"还在什么情况下对我们造成干扰，尝试找到解决方案。

八、教学过程

教学环节及时间	学习活动工具	学习目标	教学事件	教学策略与过程	评估反馈
导入启动 5分钟	怪物卡牌猜猜猜	激发兴趣，联系实际，引出主题	1. 获得注意力； 2. 激发学习兴趣	1. 创设情境，寻找"小怪物"，完成小怪物卡牌； 2. 放音频，猜"小怪物"，引出课题——分心怪； 3. 联系生活——分享自己与"分心怪"的故事	通过问题调研，评估学生已有"分心"情况
呈现展开 20分钟	任务卡	1. 体验分心的两种情况及影响； 2. 总结防御方法并应用	1. 帮助回忆旧知； 2. 呈现信息和事例； 3. 引导注意力； 4. 指导学习策略； 5. 提供反馈	"分心怪"大作战： 第一轮，复杂任务攻击； 第二轮，诱惑干扰攻击	小组汇报交流，生生互评，观察学生相关知识掌握程度
练习指导1 5分钟	正念练习	感受当下，体验集中注意力的美好感觉	1. 指导学习策略； 2. 练习指导； 3. 提供反馈	1. 教师引导学生进行"正念"体验； 2. 学生分享感受； 3. 鼓励学生迁移	通过观察及学生自评感受，评估学生状态
练习指导2 8分钟	防御指南	结合所学，实际应用	1. 指导学习策略； 2. 练习指导； 3. 提供反馈	我的防御指南： 1. 根据所学，完成个人学习单； 2. 分享交流； 3. 教师反馈	通过学习单，检验学生掌握程度
结束收尾 2分钟		激发应用意识，巩固方法	1. 做小结与复习； 2. 促进迁移与应用； 3. 再次激励与结课	1. 名言分享； 2. 教师解读及总结	通过观察，评估学生状态，促进学生迁移应用

九、学习活动工具

工具　任务卡

1. 工具含义

"任务卡"是一种以小组为单位、任务卡片为载体、情景活动为形式的教学活动工具，其内容可以是教学目标中涉及到的相关情境，通常进行两轮：第一轮深度体验，感悟经验方法；第二轮进行实践检验。教师课前根据教学内容制作一定数量的任务卡片，任务卡片折叠好标记编号，装在"任务"信封中，在课堂教学中，发给每组一个信封，小组成员每人抽取一张任务卡，任务卡内容要保密，学生在互不知情的情况下完成小组任务。

2. 工具用途

(1) 激发学习兴趣。教师运用"任务卡"活动工具容易让学生在课堂中动起来，通过活动任务激发了学生的好奇心和学习兴趣。

(2) 促进学生深度体验。"任务卡"活动工具模拟再现生活情境，使学生在活动中，唤起内在经验，触发内在情绪情感，以其已有的心理结构去理解、感受、建构、生成意义，实现内化。

(3) 评估问题解决的效果。"任务卡"活动工具通常分为两轮，第一轮学生在情境中深度体验，自主探究；第二轮在真实情景中实践探究的方法，切实解决实际问题。

3. 工具样例展示与微课活动案例

工具制作说明："任务卡"所使用的任务卡片没有特定格式，可以根据教学内容自主设计。每张任务卡片上呈现的内容是关联的，反映共同的主题，如：

"任务卡"微课
活动案例

1 号听其他三位的任务口令，完成指令。

2 号对 1 号发布指令，完成 2 项语文任务。

3 号对 1 号发布指令，完成 2 项数学任务。

4 号对 1 号发布指令，完成 2 项任意任务（例如：画一朵花；背 5 个英语单词）。

4. 工具运用流程（图 10-2）

(1) 活动以小组形式进行，可以 2～6 人一组，组长领取秘密任务信封 1。

(2) 成员抽取秘密任务卡，记住自己的任务内容。

（3）听老师统一口令，进入秘密任务情境。

（4）活动结束，提交本组任务卡片，进行活动分享。

（5）发放秘密任务信封2，进行第二轮秘密任务，将深度体验的所思所想进行实践检验。

图 10-2 "任务卡"工具运用流程图

5. 工具应用效果反思

学生根据任务内容完成活动。模拟了生活中在复杂任务的"攻击"下，很难集中注意力完成任务的情景，基于情景中的体验，联系生活实际，小组成员分享感受，探讨防御方案。老师提炼总结学生经验，再次进入任务情境，检验防御效果。

（1）活动形式趣味化，促进全员积极参与。使用"任务卡"工具时，强调任务卡互不知情，大家在一个大情境下完成自己的任务，通过小组全员配合，进入真实情境，逐步调动了学生的参与兴趣。

（2）活动内容生活化，增强学生情感链接和活动体验。"任务卡"内容设计来源于学生真实的学习和生活，学生在模拟再现过程中，产生画面感、代入感。

（3）活动实践行为化，提升学生主体性，促进内化。每个人都有情境任务，投入其中，使活动中基于个体经验的各种感受、领悟和发现外化，在彼此交流中，比较、借鉴、建构、探究出方法，然后再次进入情境实践新知，学生切实感受到了问题解决的效果。

6. 工具适用范围与建议

年级	学科	人数	课型	教学环节
□高	☑语文	☑2人小组	☑新授课	□导入启动
□中	☑数学	☑4人小组	☑复习课	☑呈现展开
□低	☑英语	☑6人小组	☑活动课	☑练习指导
☑全部	☑其他	□全班	□其他	□复习总结
				□评估反馈

"任务卡"活动工具的使用不限年级、学科，各教学环节均可使用。教师可根据学情设计难易程度不同的任务角色卡片，卡片内容可以结合学科知识点进行调整。

十、板书设计

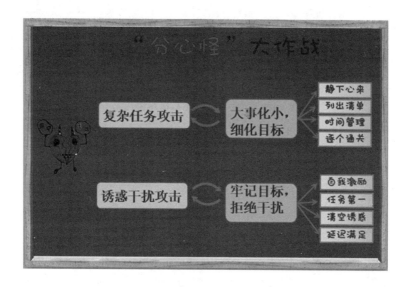

◆ **教学反思：应用"任务卡"促进学生在真实情境中的深度体验**

学生心理品质形成、心理素质发展的内在机制是个体在生命历程中带着自己的生活经验去在真实情境中构建。传统的注意力课程中，通过游戏活动或故事讲授注意的重要性，讨论提升注意的方法，学生在学习中能够知道一些提升注意的方法知识，但体验不够深入，学生知行不一，在实际的学习生活中常常无法察觉到自己分心了，缺乏提升注意力的意识，从而不能很好地进行实际运用。

深度体验即学生能够全身心地投入到活动中，并自然地触发内在情绪情感，唤起内在经验，主动运用已有的心理结构去理解、感受、建构、生成意义，实现内化。深度体验是心理健康教育课程设计和实施的核心要素，对学生心理品质、心理素质的提升至关重要。在具体的心理健康课程中如何促进学生的深度体验，唤起内在经验，实现内化呢？

下面基于《义务教育课程方案（2022 年版）》中提出的强化学科实践的要求，结合"以学生为本"的教育理念，以小学四年级《"分心怪"大作战》为例，介绍应用"任务卡"工具促进学生在真实情境中深度体验的教学策略。

1. "任务卡"发布全员指令，提高学生参与度，体现全员体验

"任务卡"设置悬念，激发学生的好奇心，让学生有兴趣参与其中。"任务卡"以组为单位，活动前小组会收到很有仪式感的"秘密任务信封"，在活动开启前，学生对此都抱有期待。打开信封，是折叠好的不同编号的任务卡，学生自由抽取编号，里面可能有任务者或指令者等不同内容，随机的活动任务卡吸引学生注意，参与活动更积极。以《"分心怪"大作战》为例，了解了学生的需要和已有知识、经验，用学生喜欢的游戏卡牌的形式，确定了"'分心怪'大作战"的主题活动。在活动设计时考虑学生参与全员化，创设两种"作战情境"即"分心怪"的两种常见攻击技能，两轮"大作战"活动，有的同学第一次知道1号是任务者，其他人是发布指令者，在第二轮就避开了1号抽取2号，结果没想到2号这次是任务者，这样的随机性，让学生在参与活动过程中总有新鲜感。

"任务卡"给每个人都设置了任务，大家一起组成了完整的任务情境，保证了全员参与。我们常说，看别人做100次，都不如自己亲自做一次来得深刻，两者体验的深度与广度是不同的。因此，活动设计要面向全体学生，尽可能使全体学生都参与到活动中，使每个学生都有机会动、有机会说。"任务卡"把大团体换成小团体，小组每位成员都有要说、要做的内容，其感悟程度更深。

2. "任务卡"模拟生活情境，增强学生情感链接，体现真实体验

"任务卡"模拟真实的情景，学生能够更快速地进行情感链接，投入进去。创设一个有趣的情境，就能提高学生参与课堂的积极性，从而提高课堂实效。以本节课为例，把无形的注意力分散具象化、形象化，比作"分心怪"，把调节分心问题模拟成"'分心怪'大作战"的情境，接到"任务卡"之前，学生不知道要发生什么。"任务卡"中的角色任务都是老师根据学生的生活实际而设计，如2号对1号发布指令，完成语文任务——背诵这学期学的古诗两首；3号对1号发布数学任务；4号对1号发布英语学习任务等，模拟生活中真实的作业任务情境。第二轮活动中，2号学生得到一张小卷子（10道本学期数学题）；1号在2号边上唱歌；3号和1号说话，邀请他下课一起玩，和他说想吃什么好吃的；4号转笔、玩橡皮……模拟了生活中学生容易被干扰的情景。通过开启任务卡，成员们开始一一模拟任务情境，做作业时被好玩的、好听的事物诱惑，被同学的邀约……一幕幕生活情境再现，同学们非常自然地投入其中，有的同学就分享自己任务艰巨，目标众多，不知从何入手，因而心情烦躁，无法专注，只完成两项，很崩溃……还有同学说自己简直"太幸运了"，之前是1号，自己是任务者，这

次换了 2 号，结果还是任务者，别人在旁边进行干扰，自己老被他们吸引注意，只做了一部分……在真实的生活情境中融入了"分心"时的情景，学生也就更能有感而发。

3. "任务卡"解决真实问题，强化学生主体行为，体现成就体验

"任务卡"活动中，学生全情投入，有了真情实感的分享、自主探究的方法，身动带动情动、心动，在认知重组建构整合的同时，抽象的概念转化为具体行为，实现知行合一。"任务卡"通常是两轮活动，在第一轮活动中，学生有所感、有所悟、有所习，在第二轮活动中，带着感悟和方法进行实践，将经验行为化，用行动表达，在反复练习中，习得行为。再次以本课为例，学生在进行第一轮任务时，深刻感受到诱惑干扰对自身注意力的影响，对学习效率的影响，也知道静下心来、自我激励、任务第一、拒绝诱惑、延迟满足等方法可以防御分心问题，在学生分享的基础上，老师进行总结提升，在第二轮相似情况下，学生能带着经验和方法，集中注意力对抗分心，通过实践，学生真切地感受到了方法的有效性，体验到了成功的喜悦，带着这份成就感，更加促进了学生将所学、所感应用到之后的学习生活中，真正将抽象的知识方法行为化，切实地解决生活实际问题。

心理学科活动化、体验性的特点决定了教师不能把这门课作为心理学知识的普及和心理学理论的教育课。转化核心概念，寻找适合的驱动性问题，为心理课的实施建造了一座桥梁。而"任务卡"活动工具契合了心理学科这一特点，活动确保了全员参与，活动内容贴近学生的生活实际，引发了学生的情感共鸣，产生深刻体验，有助于他们在其中进行深层的自我觉察与感悟，因此在第一轮活动结束时，他们有感受可以说，有行为可以做，他们可以围绕活动分享感受、自主探究方法，将经验感受用语言很好地表达出来，这样的讨论分享，使活动中基于个体经验的各种感受、领悟和发现外化。第二轮活动中，将方法行为化，学生再次进入情境实践新知，感受问题解决的效果。"任务卡"活动工具有效地让学生在真实情境中进行深度体验，在深度体验中解决真实问题。

◆ **专家点评**

随着时代的发展，人们逐渐认识到心理健康教育的重要性。在我国，2002年教育部就印发了《中小学心理健康教育指导纲要》，指导和推动各地中小学开展心理健康教育。2012 年在认真总结各地心理健康教育工作经验的基础上，教

育部又组织专家对《中小学心理健康教育指导纲要》进行了修订完善。为推动北京市中小学心理健康教育工作深入开展，2014年北京市教委根据教育部《中小学心理健康教育指导纲要（2012年修订）》精神，结合北京市中小学心理健康教育工作的经验，广泛听取中小学教师、教科研部门、教育行政部门和有关专家的意见，对《北京市中小学和职业学校心理健康教育工作纲要（试行）》进行了修订，出台了《北京市中小学心理健康教育工作纲要》。

本课就是在这一背景下产生的。根据《北京市中小学心理健康教育工作纲要（2014年修订）》，北京市中小学心理健康教育的主要内容包括认识自我、学会学习、人际交往、情绪调适、生涯规划等五个领域。基于访谈和调研结果，针对学生在注意力方面存在的问题，贾老师在"学会学习"这一领域开发了"注意力"专题课程。

就课程的开发而言，本课充分注意了心理学关于注意力方面的知识逻辑，根据学生心理发展水平精选了三个课时的内容，涵盖了注意力的水平、分心以及注意力分配等知识点。为发展学生能力，课程内容突出了提高注意力、防御分心集中注意力以及科学进行注意力分配的方法和策略。

在教学设计与实施上，突出了"以学生为本"的理念，以"'分心怪'大作战"作为活动主题，研发了系列活动工具，比如"任务卡"、正念练习、防御指南等趣味性体验活动，吸引了全体学生的积极参与，增强了学习体验，提高了学习效率。

中小学的心理健康教育不同于语数英等学科，它直接针对学生个体在知情意行上的具体问题，具有极强的个性化特征。宏观政策不能在具体课程和教学上作统一的要求，这就要求教师除了能上课之外，还应具备学情调研、课程开发等专业技能。这一课充分体现了心理健康教育教师所应具备的综合素养。

（课例指导与点评专家：王永红副教授　北京教育学院）

后 记

课堂教学要"以学生为本"。如果你问教师们是否认同这个理念，那么想必有 90% 以上甚至 100% 的教师举手认同。如果你再一次问举手的教师：大家平时在设计教学方案时是否有意识地秉承"以学生为本"理念？那么可能有一部分人会把手放下。如果你继续问那些仍然举手的教师：诸位是否已经理解"以学生为本"教育理念并能有效付诸课堂实践？那么可能又有更多的人把手放下，剩下仍举手的人寥寥无几。

通常对广大教育实践工作者来说，教育政策和理论所包含的一些教育理念从"认识"到"实践"需要跨越多级鸿沟。"知道"与"理解"、"理解"与"应用"、"应用"与"行动反思"、"行动反思"与"迭代创新"等之间，都存在着发展目标落差。一线教师们在践行"以学生为本"专业理念过程中也是如此。另一方面，对于教师培训者来说，在促进教师学习和践行这些理念过程中，从"培训研发"到"培训传递"，再到"迁移转化"，同样不是那么一帆风顺。

如何在理念与实践之间搭建桥梁，促进教师们将"以学生为本"的专业理念有效"落地"，渗透到课堂教学实践中呢？针对这个问题，北京教育学院教师培训项目团队在《小学教师专业标准（试行）》和《中学教师专业标准（试行）》2012 年颁布后持续多年通过开发与实施一系列教师培训项目，助力教师创建"以学生为本"的课堂。

2013～2014 年，北京教育学院项目团队引进英国哈德斯菲尔德大学（University of Huddersfield）的"Student-centered Learning"（简称"SCL"）培训课程，将其嵌入到两期培训项目："2013 年北京市中小学教师培训者培训项目——'以学生为本'的教学设计与体验"和"2014 年北京市中小学教师培训者培训——'以学生为本'的教学设计与体验"，以院本培训方式首先培训培训者，使他们掌握"以学生为本"的教学设计及其培训课程开发方法，为将这种理念推广到中小学教师课堂上做好准备。2015 年，项目团队以学院支持校本研修的委托合作培训方式，通过"'以学生为本'课堂教学改革与创新实验的校本研修委托项目"，培训若干学校骨干教师掌握"以学生为本"的教学设计及其实施方法，开始尝试将"以学生为本"教学设计的培训转化到中学课堂教学改革实践中。

2016～2018 年，项目团队为进一步提高培训转化效果、探讨学院与学校协同创新教师学习方式，本着北京教育学院"协同创新学校计划"提出的"把培训课堂建到学校，让教师研修真正发生"的培训宗旨，在 2015 年委托项目基础上开发并实施了《北京市"以学生为本"教学设计与实施的行动学习项目》，在北京市三个中学连续三年同时推进，取得显著培训效果，并于 2019 年出版《以学生为本的教学设计》（初中卷）和《以学生为本的教学设计》（高中卷）两本书，成为近年来我们在中小学推进"以学生为本"课堂教学改革培训项目的重要培训资源。

2019年以后，经常有来自小学的教师干部学员问我："为什么不出版小学卷呢？"我回答道："原因很简单，'没有实践就没有发言权。'"实际上，2015～2019年期间，我们团队也尝试在几个小学推动"以学生为本"的教改实验，但只是做了短暂的集中性校本培训和零星指导，结果课堂转化效果并不理想，"以学生为本"的小学课例没有研磨出来。因而，"小学卷"就迟迟没有出版。

2020～2022年，我们培训团队与北京市丰台区西马金润小学合作，持续推进校本研修项目，这为"以学生为本"的小学课例编写和出版奠定了实践基础。

西马金润小学是"藏"在一个社区中的公立小学，小规模，非常便于老百姓就近入学。为让孩子们在家门口不仅"有学上"而且"上好学"，学校非常重视通过校本研修途径提升课堂教学质量，其校本研修工作形成以下几个特征。

第一是长周期。做好学校发展的顶层设计，系统非常普通，但是规划教师的专业发展，以长周期项目连续三年聚焦"以学生为本"的教学设计与课堂创新问题，避免了"东一榔头西一棒子""学不透、做不深""行百里者半九十"现象。

第二是重实效。基于"以用促学、学用结合"的研修理念，以可视化目标和关键性成果为导向，把创建"以学生为本"的40分钟课堂作为研修目标与任务，有效推进校本研修工作，避免了"培训时激动、培训后不动"现象。

第三递进式。为到达预期目标，设计了六个研修模块：团队建设、集中培训、自主学习、学科组教研、课例研磨、专家指导成果，一环紧扣一环，层层递进地推出教学设计、实践课例、教学反思等研修成果，解决了培训理论与实践应用相互脱离问题。

第四是整合化。注重将校本培训与校本教研、校本科研、校本管理等工作整合起来，统筹校内外资源，集中精力攻坚克难，解决了干部教师因为千头万绪的工作而负担过重、弱化课堂教学质量提升问题。

第五是领导力。校长深度卷入，在校本研修项目的顶层规划、项目设计、组织实施和质量管理等过程中亲力亲为，甚至连每一次培训课、观摩课和学科组活动都不愿意错过。校长切实发挥校本研修领导小组的组长作用，善于聆听、说服和授权干部教师，愿意培养他人和建设团队，展现出服务型领导的实践智慧。这就真正实现了"校长是教师专业发展的第一责任人"的专业要求。

《以学生为本的小学教学设计》既是西马金润小学2020～2022年三年校本研

修项目成果结晶，也可谓2019年我们培训团队所出版的《以学生为本的教学设计》（初中卷）和《以学生为本的教学设计》（高中卷）两本书的姊妹篇。

本书第一章阐述了"以学生为本"的教学原理，包括"以学生为本"的教改背景、教学特征、教学原则、教学设计等内容，是创建"以学生为本"课堂的理论基础。第二至十章汇集了14个"以学生为本"的教学案例，涵盖了小学道德与法治、数学、语文、英语、科学、音乐、体育、美术、心理健康等9个学科。这些教学案例的重要特色是在课堂上强化学科实践，以"活动工具"创建了情境化课堂氛围，帮助学生体验学科知识与生活经验之间的联系，激发了学生的学习热情，引导学生参与学科探究活动，将"做中学"的理念付诸行动，努力创建"以学生为本"的课堂教学，体现出《义务教育课程方案（2022年版）》及各学科课程标准要求。为了方便读者理解，书中案例配有教学视频片段，扫描相应二维码即可观看教学活动视频。

这里特别强调的是，本书中的课例绝不是完美无缺的，其中一些课例甚至还存在着明显缺陷和尚待改进之处。尽管每个课例都经过培训项目团队的精心指导、教研组多次研磨和授课教师们反复揣摩，但是作为一节真实的课，每次老师们上完课后总会既有成功的喜悦与宝贵的收获，又有或多或少的遗憾。怀着对"以学生为本"教学设计的交流学习和共同探索的愿望，本书呈现的教学设计都源于真实的常态课堂，并没有对已经上过的课的细节进行改动。在编写教学反思部分时，作为"局外人"的指导教师们也没有刻意"美化"或对授课教师的反思内容"添油加醋"，而是单独以"专家点评"形式表达个人观点。因此，希望读者不要将此书作为"以学生为本"的课堂"标杆"，而是作为"靶子"加以完善，进而找到自己课堂创新的灵感与方法。

本书由北京教育学院余新和西马金润小学尹春燕合作主编。各章撰稿分工如下：第一章由余新编写；第二章"案例1"由东交民巷小学周国贞编写；第三章"案例2""案例3"分别由西马金润小学郝秀娟、西马金润小学申艳编写；第四章"案例4""案例5""案例6"分别由青云店中心小学马郡、西马金润小学刘洋、西马金润小学任莉媛编写；第五章"案例7""案例8"分别由西马金润小学杨悦、西马金润小学冀晴喃编写；第六章"案例9"由西马金润小学张新编写；第七章"案例10"由西马金润小学袁晓喆编写；第八章"案例11""案例12"分别由西马金润小学梁霄、西马金润小学崔圣恩编写；第九章"案例13"由西马金润小学刘京编写；第十章"案例14"由西马金润小学贾孟娇编写。

本书的顺利出版要感谢很多专家同行的专业支持和关心帮助。感谢特级教师吴正宪（数学）、吴欣歆教授（语文）、李宝荣教授（英语）、潘建芬教授（体育）、巩平教授（艺术）、李春艳教授（科学）、王永红副教授（道德与法治、心理健康）等教师培训专家分别为各学科课例进行专业指导，并撰写"专家点评"。感谢西马金润小学赵秀云校长和她的干部团队尹春燕副校长、赵鸿燕副校长、高金霞主任、申艳副主任，他们精心组织着老师们每次培训、教研和案例撰写活动，成为校本研修项目的坚强后盾。感谢英国哈德斯菲尔德大学张勃博士、Carmel Gibbons、Neil Denby、Alison Ryan 等培训师，他们早期组织的 SCL 培训工作坊，为我们探讨"以学生为本"的课堂教学打开了广袤视野。感谢化学工业出版社大众健康分社杨骏翼社长和王璇编辑的精心策划和出版支持。

余新

2023/1/14

参考文献

[1] 陆玲. 道德与法治课堂教学生活化的策略 [J]. 山西教育, 2019, (04): 23-24.

[2] 韩俊琦. 道德与法治课程教学生活化探索 [J]. 德育与成才研究, 2021, (10): 40-42.

[3] 余新. 以学生为本的教学设计 (高中卷) [M]. 北京: 教育科学出版社, 2019.

[4] 陈小荣. 让学生做学习的主人——构建以人为本的小学数学课堂 [J]. 新课程 (小学), 2019, (3): 18.

[5] 李景林. 新课改理念下的小学数学复习课教学策略研究 [J]. 天天爱科学 (教育前沿), 2021, (08): 49-50.

[6] 柯爱武. 基于教材与学情精准分析的大单元整体教学——以《多边形的面积》单元为例 [J]. 湖北教育 (教育教学), 2021, (8): 47-49.

[7] 韩颖, 董玉琦, 毕景刚. 小学生学业情绪现状调查及教学建议——以 C 市小学生为例 [J]. 基础教育课程, 2019, (23): 60-67.

[8] 杨东平. 关于深化新课程改革的若干思考 [J]. 基础教育课程, 2011, (12): 13-14.

[9] 温儒敏. 关于 2011 年版课程标准的对话 [J]. 语文建设, 2012, (07): 4-9.

[10] 朱黎生.《义务教育数学课程标准 (2011 年版)》修订了什么 [J]. 数学教育学报, 2012, 21 (03): 8.

[11] 王蔷. 深化改革理念 提升课程质量——解读《义务教育英语课程标准 (2011 年版)》的主要变化 [J]. 课程·教材·教法, 2013, 33 (01): 36.

[12] 余文森, 龙安邦. 论义务教育新课程标准的教育学意义 [J]. 课程·教材·教法, 2022, 42 (06): 6.

[13] Robert J Sternberg, Wendy M Williams. 教育心理学 [M]. 张厚粲译. 北京: 中国轻工业出版社, 2003.

[14] 吕达. 解读生本教育的内涵 [J]. 人民教育, 2009, (Z3): 9-11.

[15] 钟启泉. 学习环境设计: 框架与课题 [J]. 教育研究, 2015, 36 (01): 116.

[16] Dale Scott Ridley, Biu Walther. 自主课堂: 积极的课堂环境的作用 [M]. 沈湘秦译. 北京: 中国轻工业出版社, 2001.

[17] 李宝荣. 以提升能力为本: 基于学生研究的英语教学 [M]. 北京: 教育科学出版社, 2015.

[18] 邹晓东. 像科学家一样去探究: 积极角色体验下的科学学习 [J]. 小学教学研究, 2016, (07): 59-60.

[19] 杨丹青. 一切知识从感官开始——语文课情境教学的误区及对策 [J]. 课程教育研究, 2013, (06): 142.

[20] 郭晓明, 蒋红斌. 论知识在教材中的存在方式 [J]. 课程·教材·教法, 2004, (4): 3-7.

[21] 安德华, 肖艳梅. 旨在培养科学家的教学理论 ——重读布鲁纳《教育过程》 [J]. 职业圈, 2007, (07): 99-101.

[22] 余文森. 核心素养导向的课堂教学 [M]. 上海: 上海教育出版社, 2017.

[23] 徐军. 浅谈促进小学生主动参与科学学习活动的策略 [J]. 家长, 2021, (19): 167-168.

[24] 盛群力 . 教学设计 [M]. 北京：高等教育出版社，2005.

[25] 丁丽云 . "教-学-评一体化"实施过程中的问题及其解决策略 [J]. 中国教育学刊，2018，(3)：66-68.

[26] 钟淑芳 . 探究小学语文"教-学-评一体化"教学应用策略 [J]. 课外语文，2018，(18)：60.

[27] 郭乐静 . 指向教学评一体化的小学语文学业评价的实践探索 [J]. 语文建设，2022，(1)：58-61.

[28] 韩旭 . "教、学、评"一体化模式在小学语文教学中的应用 [J]. 语文新读写，2021，(9)：8-10.

[29] 费玉华 . 小学英语课堂板书设计的再思考 [J]. 中小学英语教学研究，2015，(10)：11-13，18.

[30] 郑悦 . 思维导图在初中英语教学中的巧妙运用 [J]. 文理导航（上旬），2018 (9)：47-48.

[31] 王丽丽 . 思维导图在小学英语课堂教学中的应用 [J]. 课程教育研究，2016，26：106.

[32] 刘青青 . 有关思维导图在小学英语教学中的应用研究综述 [J]. 基础教育研究，2015，(07)：66-68.

[33] 何洁聪，邝慧莹 . 基于思维导图的小学英语"导学案"设计与实践 [J]. 师道·教研，2020，(5)：96-98.

[34] 刘晓华 . 以学生为本提高小学音乐课堂教学效率 [J]. 视界观，2019，(14)：59.

[35] 刘小慧 . 小学低年级音乐唱游课教学探究 [J]. 黄河之声，2019，(03)：88-89.

[36] 曾小梅 . 唱游在小学音乐教学的应用 [J]. 读与写，2020，17 (26)：233.

[37] 孟海燕 . 小学音乐课堂唱游教学研究初探 [J]. 人文之友，2018，(2)：148.

[38] 余新 . 以学生为本的教学设计（初中卷）[M]. 北京：教育科学出版社，2019.

[39] 罗芳 . 小学英语教学目标设计研究 [D]. 天津：天津师范大学，2021.

[40] 李生莲 . 小学英语教学中如何体现学生的主体地位 [J]. 青海教育，2019，(05)：41.

[41] 赖建青 . 英语教师备课的空间维度和时间维度 [J]. 英语教师，2016，16 (14)：6-9.

[42] 林树森 . 小学跳绳教学策略探究 [J]. 兰州教育学院学报 .2015，(11)：173-174.

[43] 何云 . 合作学习在跳绳教学中的运用 [J]. 体育教学 .2011，(01)：68-69.

[44] 倪冬芳 . 立足课堂 优化设计——新时期小学体育游戏化教学设计与实践 [J]. 运动，2013，(12)：128-129.

[45] 缪雪清 . "玩"有引力——聚焦核心素养下小学体育课堂游戏化教学策略 [J]. 试题与研究，2020，(22)：166.

[46] 孙洪洋，徐超 . 学中玩 玩中学 打造快乐体育课堂——谈小学体育课堂游戏化教学 [J]. 中国教育技术装备，2018，(05)：92-93.

[47] 张庆新，陈雁飞，韩兵等 . "以学习为中心"体育与健康课程模式：价值取向、框架建构与实践路径 [J]. 中国教育学刊，2021 (2)：31.

[48] 曾建新 . 浅谈初中体育教学中以学生为本的有效策略 [J]. 考试与评价，2020 (10)：143-144.

[49] 张中印，马凌波，尹志华 . 指向核心素养的体育教学设计：理论与路径、问题与策略 [J]. 北京体育大学学报，2022，45 (3)：60.

[50] 樊国峰 . 体育游戏在小学田径教学中的应用 [J]. 华夏教师，2017 (7)：40.

[51] 吴友良，文才新，宋旭 . 体育教学中游戏法对小学生短跑练习行为影响的实验研究 [J]. 南京体

育学院学报（自然科学版），2015，14（2）：130-135.

[52] 刘伟伟. 创设多彩情境，优化体育教学——情境教学法在小学体育教学中的运用 [J]. 田径，2020，(08)：11.

[53] 蒋双莲. 体育教学中如何创设有效情境 [J]. 学周刊，2019，(32)：148.

[54] 何丹. 情景教学模式在小学体育课堂中运用探索 [J]. 中国新通信，2020，22 (2)：197.

[55] 任佳. 关于新课改下小学体育教学策略的分析 [J]. 小学生（中旬刊），2021，(06)：75.

[56] 宋秋英. "创中学"引领美国基础教育 [J]. 人民教育，2015，(22)：72-76.

[57] 陈平，蒋洪兴. 谈"创中学"的基本特征及实践价值——江苏省锡东高级中学"创中学"的思考与实践 [J]. 江苏教育（中学教学版），2021，(3)：57-59，68.

[58] 潘贞. 劳技教学"创中学"的实践与感悟 [J]. 科学大众（科学教育），2019，(1)：11，24.

[59] 梁宁建. 认知心理学 [M]. 上海：上海教育出版社，2003.

[60] 让·菲利普·拉夏. 注意力：专注力的科学与训练 [M]. 刘彦译. 北京：人民邮电出版社，2016.

[61] 李玉荣. 心理健康教育课如何促进学生深度体验 [J]. 中小学心理健康教育，2021，15：29-31.

[62] 余淑芬，黄喜珊. 给心理课穿个"马甲"——如何在心理课上创设贯穿全课的教学情境 [J]. 中小学心理健康教育，2020，15：25-37.

[63] 沈平. 心理课中基于核心知识组织教学的策略 [J]. 基础教育研究，2020，23：83-84.

[64] 张定超. 核心素养视角下的小学语文写作教学 [J]. 家长，2022 (21)：137-139.

[65] 代海英. 基于核心素养视角下小学语文写作教学策略探究 [C].2021年教育创新网络研讨会论文集（一），2021：353-355.

[66] 梁娟. 核心素养视角下小学语文写作教学的策略探究 [J]. 才智，2020 (17)：21.

[67] 包平生. 核心素养下的小学语文写作教学方法探究 [J]. 家长，2021 (6)：157-158.

[68] 倪昌胜. 关注核心素养，构建"学本课堂"——以小学语文教学为例 [J]. 考试与评价，2021 (03)：137-139.

[69] 张璐. 统编版小学语文习作单元教学策略探讨——以四年级上册第五单元为例 [J]. 安徽教育科研，2022 (13)：34-36.

参与视频录制学生名单

（以姓氏笔画为序）

马伊珊　王　祺　王子旗　王予彤　王乐琪　王芊懿

王雨潼　王奕渲　王籽晗　王梓一　王赫煊　元启镛

牛若水　勾越然　尹立坤　田沐实　田卓冉　冯旭珈

朱　赫　朱梓鸣　华小宁　刘　澈　刘东玉　刘若彦

刘思辰　刘济源　刘语同　刘浩宇　刘梦瑶　刘博畅

刘紫妍　齐若岩　衣思锦　关文博　许润一　许靖涵

孙一洋　孙一程　孙天翼　孙心怡　孙乐萱　杜　陈

杜奕辰　杜络亨　李子墨　李沐阳　李佳慧　李宗哲

李思翰　李梦涵　李梓齐　李博艾　李嘉轩　李震瀚

李瀚宇　杨文博　杨玉婷　杨宁远　杨乔溪　杨佳润

杨珈睿　肖明泽　吴语瞳　张轩萌　张妙涵　张雨涵

张昕宇　张思菱　张奕萱　张宫宇　张桐源　张菓尔淳

张逸凡　张雅辰　张雅淇　张晰宇　张熙峻　张馨木

张耀宇　陈　墨　陈梓墨　陈博皓　武博宇　尚锦轩

罗海洁　郑向婷　赵　卅　赵天赐　赵希言　赵佩瞻

侯雅晴　姚宇晨　姚雨彤　袁铭泽　耿岚熙　贾卓雯

徐芳菲　徐昕如　徐诚阳　高小茹　高浦原　郭皓辰

唐铭萱　曹伊伊　曹思齐　曹容僖　龚劭旸　龚浩杰

崔晨佳　梁栢畅　梁家铭　彭禹涵　蒋煜曦　戢晨夕

焦梓珊　焦梓航　窦梓嫣　蔡莹馨　潘楚熠